NEJLEPŠÍ INDICKÁ KUCHAŘKA Z BOXU MASALA

Cesta plná koření přes 100 chutných receptů

Jaromír Jansa

Materiál chráněný autorským právem ©2023

Všechna práva vyhrazena

Žádná část této knihy nesmí být použita nebo přenášena v jakékoli formě nebo jakýmikoli prostředky bez řádného písemného souhlasu vydavatele a vlastníka autorských práv, s výjimkou krátkých citací použitých v recenzi. Tato kniha by neměla být považována za náhradu lékařských, právních nebo jiných odborných rad.

OBSAH

- OBSAH 3
- ÚVOD 6
- **SNÍDANĚ** 7
  - 1. Masala omeleta 8
  - 2. Upma 10
  - 3. Masala Dosa 12
  - 4. Chai Cooler 14
  - 5. Paratha plněná květákem 16
  - 6. Chleba plněný špenátem 18
  - 7. Pikantní nasekaná pšenice s kešu oříšky 20
  - 8. Čaj kořeněná horká čokoláda 22
  - 9. Chai Kurdi 24
  - 10. Jihoindické palačinky 26
  - 11. Palačinky z cizrnové mouky 29
  - 12. Krém z pšeničných palačinek 31
  - 13. Masala Tofu Scramble 33
  - 14. Sladké palačinky 35
  - 15. Chai Latte kaše 37
- **MALÉ TALÍŘKY** 39
  - 16. Kořeněný popcorn na sporáku 40
  - 17. Masala Papad 42
  - 18. Poha (zploštělá rýže) s hráškem 44
  - 19. Pražené ořechy masala 46
  - 20. Pražené mandle a kešu ořechy kořeněné čajem 48
  - 21. Zapečené zeleninové čtverečky 50
  - 22. Chai kořeněné pražené ořechy 52
  - 23. Cizrnové poppers 54
  - 24. Dip z pečeného lilku 56
  - 25. Pikantní sladké bramborové placičky 59
  - 26. Šaronovy zeleninové salátové sendviče 62
  - 27. Sojový jogurt Raita 64
  - 28. Severoindický hummus 66
  - 29. Chai kořeněný popcorn 68
- **CIZRNA, FAZOLE A ČOČKA** 70
  - 30. Pražené fazole Masala nebo čočka 71
  - 31. Rychlovka Masala Fazole nebo čočka 73
  - 32. Severoindické kari nebo čočka 75
  - 33. Jihoindické fazole s kari listy 77
  - 34. Kari inspirované Goanem s kokosovým mlékem 79
  - 35. Luštěniny Chana Masala 81
  - 36. Pandžábské kari fazole 83
  - 37. Kari inspirované sambharem na sporáku 85
  - 38. Pomalu vařené fazole a čočka 87
  - 39. Chana a Split Moon Dal s pepřovými vločkami 89

ZELENINA **91**
   40. Kořeněné tofu a rajčata 92
   41. Kmínová bramborová kaše 94
   42. Hořčičná bramborová kaše 96
   43. Zelí v pandžábském stylu 98
   44. Zelí s hořčičnými semínky a kokosem 100
   45. Fazole s bramborem 102
   46. Lilek s bramborem 104
   47. Masala růžičková kapusta 106
   48. Řepa s hořčičnými semínky a kokosem 108
   49. Strouhaná dýně Masala 110
   50. Dětský lilek plněný kešu 112
   51. Kořeněný špenát s "Paneer" 115
   52. Zimní meloun na kari 117
   53. Pískavice-špenátové brambory 119
   54. Praskající Okra 121
SALÁTY A PŘÍLOHY **123**
   55. Pikantní fazolový salát 124
   56. Mungův salát z klíčků od maminky 126
   57. Salát z cizrny Popper Street 128
   58. Kukuřičný salát z ulice 130
   59. Křupavý mrkvový salát 132
   60. Granátové jablko Chaat 134
   61. Ovocný salát Masala 136
   62. Teplý severoindický salát 138
   63. Studený indický pouliční salát 140
   64. Pomerančový salát 142
POLÉVKY **144**
   65. Severoindická rajčatová polévka 145
   66. Zázvorová sójová mléčná polévka 147
   67. Seitan Mulligatawny polévka 149
   68. Kořeněná zelená polévka 152
   69. Jihoindická polévka z rajčat a tamarindu 154
   70. Kořeněná čočková polévka (Masoor Dal Soup) 156
   71. Polévka z rajčat a kmínu 158
   72. Kořeněná dýňová polévka 160
   73. Pikantní rajčatový rasam 162
   74. Polévka z koriandru a máty 164
KARI **166**
   75. Dýňové kari s pikantními semínky 167
   76. Tamarind Fish Curry 169
   77. Losos v kari s příchutí šafránu 171
   78. Okra kari 173
   79. Zeleninové kokosové kari 175
   80. Základní zeleninové kari 177
   81. Zelné kari 179

82. Karfiolové kari 181
83. Karfiolové a bramborové kari 183
84. Míchané zeleninové a čočkové kari 185
85. Bramborové, květákové a rajčatové kari 187
86. Dýňové kari 189
87. Smažená zelenina 191
88. Rajčatové kari 193
89. Kari z bílé tykve 195

DEZERT **197**
90. Chai Latte Cupcakes 198
91. Masala Panna Cotta 201
92. Masala rýžový nákyp 203
93. Chai zmrzlina 206
94. Tvarohový koláč Masala 209
95. Masala Chai Tiramisu 212
96. Chai koření Apple Crisp 215
97. Kardamomem kořeněný Kheer (indický rýžový pudink) 218
98. Gulab Jamun 220
99. Masala Chai kořeněný dort 222
100. Chai kořeněné sušenky 224

ZÁVĚR **226**

ÚVOD

V každé indické kuchyni je masala krabička víc než jen sbírka koření; je to posvátná nádoba, která drží klíč k pokladnici chutí, symfonii vůní tančících vzduchem a pas na kulinářskou cestu, která se rozprostírá po celé délce a šířce subkontinentu.

Když otevíráme stránky této kuchařky, představte si rušné trhy s kořením ve Starém Dillí, kde je vzduch nasycen omamnou vůní kmínu, koriandru a kardamomu. Představte si kuchyně domácích kuchařů v celé Indii, kde se umění používání koření zdokonalovalo po staletí a vytvářela jídla, která jsou tak rozmanitá jako země sama. „NEJLEPŠÍ INDICKÁ KUCHAŘKA Z BOXU MASALA" je vaší vstupenkou do tohoto kaleidoskopického světa chutí, který nabízí 100 chutných receptů, které zachycují podstatu indických kulinářských tradic.

Při našem průzkumu oslavujeme nejen ingredience, ale také příběhy, tradice a kulturní nuance, díky nimž je každé jídlo jedinečným vyjádřením bohatého dědictví Indie. Od ohnivých kari na jihu po aromatické biryanis na severu, každý recept je svědectvím kulinářské rozmanitosti, která spojuje tento obrovský a dynamický subkontinent.

Ať už jste ostřílený šéfkuchař, který touží zvládnout složitosti indické kuchyně, nebo domácí kuchař připravený vydat se na chuťově bohaté dobrodružství, tato kuchařka je vaším společníkem. Připojte se ke mně, když odhalíme tajemství masala boxu, kde alchymie koření proměňuje skromné ingredience do mimořádných výtvorů. Pojďme se ponořit do srdce indických kuchyní, kde je každé jídlo oslavou a každé jídlo je poctou umění míchání koření.

Takže, s namaste a vřelým přivítáním, nechte cestu začít – cestu přes pulzující trhy, rušné ulice a kuchyně, kde ožívá kouzlo masalas. Nechť je vaše kuchyně plná živosti, tepla a nezapomenutelných chutí, díky kterým je indická kuchyně věčným potěšením. Veselé vaření!

SNÍDANĚ

1. Masala omeleta

SLOŽENÍ:
- 2-3 vejce
- 1/4 šálku jemně nakrájené cibule
- 1/4 šálku nakrájených rajčat
- 1-2 zelené chilli papričky, nakrájené
- 1/4 lžičky semínek kmínu
- 1/4 lžičky kurkumového prášku
- 1/4 lžičky červeného chilli prášku
- Sůl podle chuti
- Nakrájené lístky koriandru na ozdobu

INSTRUKCE:
a) Do mísy rozklepněte vejce a přidejte nakrájenou cibuli, rajčata, zelené chilli, kmín, prášek z kurkumy, prášek z červeného chilli a sůl.
b) Dobře promícháme a nalijeme na rozpálenou, tukem vymazanou pánev.
c) Vařte, dokud omeleta neztuhne, otočte a opečte z druhé strany.
d) Ozdobte nasekanými lístky koriandru a podávejte horké.

2.Upma

SLOŽENÍ:
- 1 šálek krupice (sooji/rava)
- 1/2 lžičky hořčičných semínek
- 1/2 lžičky urad dal
- Kari listy
- 1/2 šálku nakrájené cibule
- 1 lžička strouhaného zázvoru
- 1-2 zelené chilli papričky, nakrájené
- Míchaná zelenina (mrkev, hrášek, fazole) - 1/2 šálku
- 1/4 lžičky kurkumového prášku
- Sůl podle chuti
- Kešu na ozdobu
- Ghí na vaření

INSTRUKCE:
a) Na pánvi opečte krupici do zlatova. Dát stranou.
b) V jiné pánvi rozehřejte ghí a přidejte hořčičná semínka, urad dal, kari listy, nakrájenou cibuli, nastrouhaný zázvor a zelené chilli.
c) Přidáme rozmixovanou zeleninu a restujeme, dokud se částečně nerozvaří.
d) Přidejte praženou krupici, prášek z kurkumy, sůl a dobře promíchejte.
e) Nalijte horkou vodu a neustále míchejte, aby nevznikly hrudky. Vařte, dokud není upma nadýchaná.
f) V samostatné pánvi opečte kešu dozlatova a před podáváním přidejte do upma.

3.Masala Dosa

SLOŽENÍ:
- Dosa těsto
- 2-3 brambory, uvařené a rozmačkané
- 1/2 lžičky hořčičných semínek
- 1/2 lžičky urad dal
- Kari listy
- 1/2 šálku nakrájené cibule
- 1-2 zelené chilli papričky, nakrájené
- 1/4 lžičky kurkumového prášku
- 1/2 lžičky garam masala
- Sůl podle chuti
- Olej na vaření dosa

INSTRUKCE:
a) Na pánvi rozehřejte olej a přidejte hořčičná semínka, urad dal a kari listy.
b) Přidejte nakrájenou cibuli, zelené chilli a restujte, dokud cibule nezezlátne.
c) Přidejte bramborovou kaši, prášek z kurkumy, garam masalu a sůl. Dobře promíchejte.
d) Těsto dosa rozetřeme na rozpálenou pánev, přidáme lžíci bramborové směsi a rozetřeme na dosu.
e) Vařte, dokud není dóza křupavá. Podávejte horké s kokosovým chutney a sambarem.

4.Ch ai chladič

SLOŽENÍ:
- ¾ šálku chai, chlazené
- ¾ šálku vanilkového sójového mléka, chlazeného
- 2 polévkové lžíce koncentrátu zmrazené jablečné šťávy, rozmražené
- ½ banánu, nakrájeného a zmrazeného

INSTRUKCE:
a) V mixéru smíchejte chai, sójové mléko, koncentrát jablečné šťávy a banán.
b) Mixujte, dokud nebude hladká a krémová.
c) Ihned podávejte.

5.Paratha plněná květákem

SLOŽENÍ:
- 2 šálky (300 g) nastrouhaného květáku ¼ hlavy)
- 1 lžička hrubé mořské soli
- ½ lžičky garam masala
- ½ lžičky kurkumového prášku
- 1 várka základního roti těsta

INSTRUKCE:
a) V hluboké misce smíchejte květák, sůl, garam masalu a kurkumu.
b) Jakmile je náplň hotová, začněte vyválet těsto na roti. Začněte přípravou základního roti těsta. Odtrhněte kousek o velikosti golfového míčku (asi 5 cm v průměru) a válejte ho mezi oběma dlaněmi, abyste z něj vytvarovali míč. Stiskněte jej mezi oběma dlaněmi, aby se mírně srovnal, a rozválejte na lehce pomoučeném povrchu, dokud nebude mít průměr asi 5 palců (12,5 cm).
c) Přímo doprostřed rozváleného těsta dáme kopeček (vrchní polévkovou lžíci) květákové náplně. Přeložte všechny strany tak, aby se setkaly uprostřed, v podstatě vytvořte čtverec. Obě strany čtverce lehce namočte v suché mouce.
d) Rozválejte ho na povrchu lehce posypaném moukou, dokud nebude tenký a kruhový o průměru asi 25 cm. Nemusí být dokonale kulaté a část náplně může lehce prosáknout, ale to je vše v pořádku.
e) Zahřejte tavu nebo těžkou pánev na středně vysokou teplotu. Jakmile jsou horké, vložte parathas do pánve a zahřívejte 30 sekund, dokud nebudou dostatečně pevné, aby se mohly převrátit, ale ne úplně tvrdé nebo vysušené. Tento krok je rozhodující pro přípravu opravdu lahodných Parathas. Bude to vypadat, že se teprve chystá vařit, ale stále bude trochu syrové. Vařte 30 sekund na opačné straně. Mezitím stranu, která směřuje nahoru, lehce naolejujte, otočte, druhou stranu lehce naolejujte a opékejte obě strany, dokud lehce nezhnědnou. Ihned podávejte s máslem, sladkým sójovým jogurtem nebo indickým nálevem (achaar).

6.Chléb plněný špenátem

SLOŽENÍ:
- 3 šálky (603 g) 100% celozrnné mouky chapati (atta)
- 2 šálky (60 g) čerstvého špenátu, nakrájeného a jemně nasekaného
- 1 šálek (237 ml) vody
- 1 lžička hrubé mořské soli

INSTRUKCE:
a) V kuchyňském robotu smíchejte mouku a špenát. Vznikne z toho drobivá směs.
b) Přidejte vodu a sůl. Zpracujte, dokud se z těsta nestane lepivá koule.
c) Těsto přendejte do hluboké mísy nebo na lehce pomoučenou pracovní desku a několik minut hněťte, dokud nebude hladké jako těsto na pizzu. Pokud se těsto lepí, přidejte ještě trochu mouky. Pokud je příliš suché, přidejte ještě trochu vody.
d) Odeberte kousek těsta o velikosti golfového míčku (asi 5 cm v průměru) a válejte ho mezi oběma dlaněmi, abyste z něj vytvarovali kouli. Stiskněte jej mezi oběma dlaněmi, aby se mírně srovnal, a rozválejte na lehce pomoučeném povrchu, dokud nebude mít průměr asi 5 palců (12,5 cm).
e) Zahřejte tavu nebo těžkou pánev na středně vysokou teplotu. Jakmile je Paratha horká, vložte ji do pánve a zahřívejte 30 sekund, dokud nebude dostatečně pevná na to, aby se mohla převrátit, ale ne úplně tvrdá nebo vysušená.
f) Vařte 30 sekund na opačné straně. Mezitím stranu, která směřuje nahoru, lehce naolejujte, otočte, druhou stranu lehce naolejujte a opékejte obě strany, dokud lehce nezhnědnou.
g) Ihned podávejte s máslem, sladkým sójovým jogurtem nebo indickým nálevem (achaar).

7.Pikantní popraskaná pšenice s kešu oříšky

SLOŽENÍ:
- 1 šálek (160 g) drcené pšenice
- 1 lžíce oleje
- 1 lžička semínek černé hořčice
- 4–5 kari listů, nahrubo nasekaných
- ½ středně žluté nebo červené cibule, oloupané a nakrájené na kostičky
- 1 malá mrkev, oloupaná a nakrájená na kostičky
- ½ šálku (145 g) hrášku, čerstvého nebo mraženého
- 1–2 thajské, serrano nebo kajenské chilli,
- ¼ šálku (35 g) syrových kešu ořechů, pražených nasucho
- 1 lžička hrubé mořské soli
- 2 šálky (474 ml) vroucí vody
- Šťáva z 1 středního citronu

INSTRUKCE:
a) V těžké pánvi na středně vysokém ohni nasucho opékejte nakrájenou pšenici asi 7 minut, dokud lehce nezhnědne. Přeneste na talíř vychladnout.
b) V hluboké, těžké pánvi rozehřejte olej na středně vysokou teplotu.
c) Přidejte hořčičná semínka a vařte, dokud nezaprskají, asi 30 sekund.
d) Přidejte kari listy, cibuli, mrkev, hrášek a chilli. Vařte 2 až 3 minuty za občasného míchání, dokud cibule nezačne lehce hnědnout.
e) Přidejte nakrájenou pšenici, kešu a sůl. Dobře promíchejte.
f) Ke směsi přidejte vroucí vodu. Udělejte to velmi opatrně, protože bude stříkat. Vezmu víko velké pánve a pravou rukou ji držím před sebou a levou nalévám vodu. Jakmile je tam voda, vrátím víko a nechám směs minutu usadit. Alternativně můžete teplo dočasně vypnout, zatímco budete nalévat vodu.
g) Jakmile je voda uvnitř, snižte teplotu na minimum a vařte směs bez pokličky, dokud se všechna tekutina nevstřebá.
h) Na konci doby vaření přidejte citronovou šťávu. Vraťte na pánev poklici, vypněte oheň a nechte směs 15 minut odležet, aby lépe absorbovala všechny chutě.
i) Ihned podávejte s toastem pomazaným máslem, rozmačkaným banánem nebo pikantním chutney ze zelené chilli papričky.

8. Chai kořeněná horká čokoláda

SLOŽENÍ:
- 2 šálky mléka (mléčné nebo alternativní mléko)
- 2 lžíce kakaového prášku
- 2 lžíce cukru (podle chuti)
- 1 čajová lžička čajových lístků (nebo 1 čajový sáček chai)
- ½ lžičky mleté skořice
- ¼ lžičky mletého kardamomu
- Špetka mletého zázvoru
- Šlehačka a posypka skořice na ozdobu

INSTRUKCE:
a) V hrnci zahřejte mléko na středním plameni, dokud nebude horké, ale ne vroucí.
b) Přidejte čajové lístky (nebo čajový sáček) do mléka a nechte 5 minut louhovat. Odstraňte čajové lístky nebo čajový sáček.
c) V malé misce prošlehejte kakaový prášek, cukr, skořici, kardamom a zázvor.
d) Do horkého mléka postupně zašlehejte kakaovou směs, dokud se dobře nespojí a nebude hladká.
e) Pokračujte v zahřívání kořeněné horké čokolády za občasného míchání, dokud nedosáhne požadované teploty.
f) Nalijeme do hrnků, potřeme šlehačkou a posypeme skořicí. Podávejte a užívejte si!

9.Chai Kurdi

SLOŽENÍ:
- 1 lžíce indických čajových lístků
- 1 skořice; lepit
- voda, vařící
- Kostky cukru

INSTRUKCE:
a) Čaj a skořici dejte do konvice a zalijte vroucí vodou.
b) Necháme 5 minut louhovat.
c) Podáváme horké s kostkovým cukrem.

10. Jihoindické palačinky

SLOŽENÍ:
- 1 šálek (190 g) hnědé rýže basmati, očištěné a umyté
- ¼ šálku (48 g) celé černé čočky se slupkou
- 2 lžíce děleného gramu (chana dal)
- ½ lžičky semínek pískavice řecké seno
- 1 lžička hrubé mořské soli, rozdělená
- 1 ½ šálku (356 ml) vody
- Olej na smažení na pánvi dejte stranou do malé misky
- ½ velké cibule, oloupané a rozpůlené (pro přípravu pánve)

INSTRUKCE:
a) Ve velké misce namočte rýži do dostatečného množství vody.
b) V samostatné misce namočte černou čočku, dělený gram a pískavici.
c) Do každé misky přidejte ½ lžičky soli. Každou misku umístěte na teplé místo (rád je nechávám v troubě, která je vypnutá) s uvolněným víkem a namočíte přes noc.
d) Ráno vodu slijte a rezervujte.
e) Čočku a rýži umelte ve výkonném mixéru. Postupně přidejte až 1½ šálku (356 ml) vody. (Můžete použít rezervovanou namáčecí vodu.)
f) Těsto necháme 6 až 7 hodin na mírně teplém místě (opět např. vypnutá trouba), aby mírně zkvasilo.
g) Zahřejte pánev na středně vysokou teplotu. Do pánve dejte 1 lžičku oleje a rozetřete papírovou utěrkou nebo utěrkou.
h) Jakmile je pánev rozpálená, zapíchněte vidličku do nenakrájené zaoblené části cibule. Držte rukojeť vidličky a třete nakrájenou polovinu cibule tam a zpět po pánvi. Kombinace tepla, cibulové šťávy a oleje pomůže zabránit tomu, aby se dóza přilepila. Naučil jsem se to od rodinné přítelkyně z Jižní Indie, Parvati Auntie, a je to skutečně rozdíl ve světě. Mějte cibuli s vloženou vidličkou po ruce, abyste ji mohli znovu použít mezi dózami.
i) Malinkou misku s olejem si nechte stranou se lžičkou, použijete ji později.
j) A teď konečně k vaření! Nalijte asi ¼ šálku (59 ml) těsta doprostřed horké, připravené pánve. Zadní částí naběračky pomalu provádějte pohyby ve směru hodinových ručiček od středu k vnějšímu okraji pánve, dokud se těsto nestane řídkým a krepovitým.
k) Malou lžičkou nalijte tenký pramínek oleje do kruhu kolem těsta.
l) Nechte dosa vařit, dokud lehce nezhnědne a mírně se odtáhne od pánve. Otočte a opečte z druhé strany. Jakmile zhnědne, ihned podávejte vrstvené s kořeněnou jeerou nebo citronovými bramborami, kokosovým chutney a přílohou sambhar.

11. Palačinky z cizrnové mouky

SLOŽENÍ:

- 2 šálky (184 g) gramové (cizrnové) mouky (besan)
- 1 ½ šálku (356 g) vody
- 1 malá cibule, oloupaná a nasekaná (asi ½ šálku [75 g])
- 1 ks kořen zázvoru, oloupaný a nastrouhaný nebo nasekaný
- 1–3 nakrájené zelené thajské, serrano nebo kajenské chilli papričky
- ¼ šálku (7 g) sušených listů pískavice (kasoori methi)
- ½ šálku (8 g) čerstvého koriandru, mletého
- 1 lžička hrubé mořské soli
- ½ lžičky mletého koriandru
- ½ lžičky kurkumového prášku
- 1 lžička prášku z červeného chilli nebo kajenského oleje na smažení na pánvi

INSTRUKCE:

a) V hluboké míse smíchejte mouku a vodu do hladka. Ráda začínám metličkou a pak zadní částí lžíce rozbíjím malé hrudky mouky, které se normálně tvoří.
b) Směs necháme alespoň 20 minut uležet.
c) Přidejte zbývající ingredience kromě oleje a dobře promíchejte.
d) Zahřejte pánev na středně vysokou teplotu.
e) Přidejte ½ lžičky oleje a zadní stranou lžíce nebo papírovou utěrkou rozetřete po grilu. K rovnoměrnému potažení pánve můžete použít i sprej na vaření.
f) Naběračkou nalijte ¼ šálku (59 ml) těsta do středu pánve. Zadní stranou naběračky těsto rozetřete kruhovým pohybem ve směru hodinových ručiček od středu k vnější části pánve, abyste vytvořili tenkou kulatou placku o průměru asi 12,5 cm.
g) Ponora opečte z jedné strany do lehce hnědé barvy, asi 2 minuty, a poté ji otočte, aby se opékala na druhé straně. Přitlačte stěrkou dolů, abyste zajistili, že se střed propeče.
h) Zbylé těsto uvařte a podle potřeby přidejte olej, aby se nepřilepilo.
i) Podávejte s mátou nebo broskvovým chutney.

12. Krém z pšeničných palačinek

SLOŽENÍ:
- 3 šálky (534 g) pšeničné smetany (sooji)
- 2 šálky (474 ml) neslazeného čistého sójového jogurtu
- 3 šálky (711 ml) vody
- 1 lžička hrubé mořské soli
- ½ lžičky mletého černého pepře
- ½ čajové lžičky červeného chilského prášku nebo kajenského pepře
- ½ žluté nebo červené cibule, oloupané a nakrájené nadrobno
- 1–2 zelené thajské, serrano nebo kajenské chilli papričky, nakrájené
- Olej na smažení na pánvi dejte stranou do malé misky
- ½ velké cibule, oloupané a rozpůlené (na přípravu pánve)

INSTRUKCE:
a) V hluboké misce smíchejte smetanu z pšenice, jogurtu, vody, soli, černého pepře a prášku z červeného chilli a odstavte na 30 minut, aby mírně prokvasil.
b) Přidejte na kostičky nakrájenou cibuli a chilli. Jemně promíchejte.
c) Zahřejte pánev na středně vysokou teplotu. Do pánve dejte 1 lžičku oleje.
d) Jakmile je pánev rozpálená, zapíchněte vidličku do nenakrájené zaoblené části cibule. Držte rukojeť vidličky a třete nakrájenou polovinu cibule tam a zpět po pánvi. Kombinace tepla, cibulové šťávy a oleje pomáhá zabránit přilepení dózy. Mějte cibuli s vloženou vidličkou po ruce, abyste ji mohli znovu použít mezi dózami. Když z pánve zčerná, přední stranu nakrájejte na tenké plátky.
e) Ponechte si malou misku s olejem na straně lžičky - použijete ji později.
f) A teď konečně k vaření! Nalijte o něco více než ¼ šálku (59 ml) těsta doprostřed vaší horké, připravené pánve. Zadní částí naběračky pomalu provádějte pohyby ve směru hodinových ručiček od středu k vnějšímu okraji pánve, dokud se těsto nestane řídkým a krepovitým. Pokud směs začne okamžitě bublat, stačí mírně snížit teplotu.
g) Malou lžičkou nalijte tenký pramínek oleje do kruhu kolem těsta.
h) Nechte dosa vařit, dokud mírně nezhnědne a nestáhne se z pánve. Otočte a opečte z druhé strany.

13. Masala Tofu Scramble

SLOŽENÍ:
- 14-uncové balení extra pevné organické tofu
- 1 lžíce oleje
- 1 lžička semínek kmínu
- ½ malé bílé nebo červené cibule, oloupané a nasekané
- 1 ks kořen zázvoru, oloupaný a nastrouhaný
- 1–2 zelené thajské, serrano nebo kajenské chilli papričky, nakrájené
- ½ lžičky kurkumového prášku
- ½ čajové lžičky červeného chilského prášku nebo kajenského pepře
- ½ lžičky hrubé mořské soli
- ½ lžičky černé soli
- ¼ šálku (4 g) čerstvého koriandru, mletého

INSTRUKCE:
a) Tofu rozdrobíme rukama a dáme stranou.
b) V těžké ploché pánvi rozehřejte olej na středně vysokou teplotu.
c) Přidejte kmín a vařte, dokud semena nezaprskají, asi 30 sekund.
d) Přidejte cibuli, kořen zázvoru, chilli a kurkumu. Vařte a opékejte 1 až 2 minuty, míchejte, aby se nepřilepily.
e) Přidejte tofu a dobře promíchejte, abyste zajistili, že celá směs zežloutne od kurkumy.
f) Přidejte prášek z červeného chilli, mořskou sůl, černou sůl (kala namak) a koriandr. Dobře promíchejte.
g) Podávejte s toastem nebo srolované v teplém zábalu roti nebo paratha.

14. Sladké palačinky

SLOŽENÍ:
- 1 šálek (201 g) 100% celozrnné mouky chapati
- ½ šálku (100 g) jaggery
- ½ lžičky fenyklových semínek
- 1 šálek (237 ml) vody

INSTRUKCE:

a) Všechny ingredience smíchejte v hluboké misce a nechte těsto alespoň 15 minut odležet.

b) Lehce naolejovaný gril nebo pánev rozehřejte na středně vysokou teplotu. Nalijte nebo nabírejte těsto na pánev, použijte asi ¼ šálku (59 ml) na každou pochoutku. Trik spočívá v tom, že těsto lehce rozprostřete zadní stranou naběračky od středu ve směru hodinových ručiček, aniž byste ho příliš naředili.

c) Osmahneme z obou stran a podáváme horké.

15. Chai Latte kaše

SLOŽENÍ:

- 180 ml polotučného mléka
- 1 lžíce světle měkkého hnědého cukru
- 4 lusky kardamomu, rozpůlené
- 1 badyán
- ½ lžičky mletého zázvoru
- ½ lžičky mletého muškátového oříšku
- ½ lžičky mleté skořice
- 1 ovesný sáček

INSTRUKCE:

a) Mléko, cukr, kardamom, badyán a ¼ lžičky zázvoru, muškátového oříšku a skořice dejte do malé pánve a za občasného míchání přiveďte k varu, dokud se cukr nerozpustí.

b) Sceďte do džbánu, celé koření vyhoďte, poté vraťte na pánev a pomocí vyluhovaného mléka uvařte oves podle návodu na obalu. Lžící do misky.

c) Smíchejte zbývající ¼ čajové lžičky každého zázvoru, muškátového oříšku a skořice dohromady, dokud se rovnoměrně nespojí, a poté použijte k poprášení vrchní části kaše pomocí šablony na latte, abyste vytvořili jedinečný vzor, chcete-li.

MALÉ TALÍŘKY

16. Kořeněný popcorn na sporáku

SLOŽENÍ:
- 1 lžíce oleje
- ½ šálku (100 g) nevařených jader popcornu
- 1 lžička hrubé mořské soli
- 1 lžička garam masala, chaat masala nebo sambhar masala

INSTRUKCE:
a) V hluboké, těžké pánvi rozehřejte olej na středně vysokou teplotu.
b) Přidejte popcornová jádra.
c) Zakryjte pánev a stáhněte oheň na středně nízký.
d) Vařte, dokud se zvuk praskání nezpomalí, 6 až 8 minut.
e) Vypněte oheň a nechte popcorn s pokličkou ještě 3 minuty odležet.
f) Posypte solí a masalou. Ihned podávejte.
g) Kleštěmi vezměte po jednom papadu a zahřejte jej nad varnou deskou. Pokud máte plynový sporák, vařte ho přímo nad plamenem a dávejte pozor, abyste sfoukli kousky, které se vznítí. Neustále je obracejte tam a zpět, dokud nebudou všechny části uvařené a křupavé. Používáte-li elektrický sporák, zahřejte je na mřížce umístěné nad hořákem a nepřetržitě je převracejte, dokud nebudou křupavé. Buďte opatrní – snadno se připálí.
h) Papady naskládejte a ihned podávejte jako svačinu nebo k večeři.

17. Masala Papad

SLOŽENÍ:
- 1 (počet 6–10) balíček papad koupený v obchodě (vyrobený z čočky)
- 2 lžíce oleje
- 1 střední červená cibule, oloupaná a nasekaná
- 2 střední rajčata, nakrájená na kostičky
- 1–2 zelené thajské, serrano nebo kajenské chilli papričky, stonky zbavené, jemně nakrájené
- 1 lžička Chaat masala
- Prášek z červeného chilli nebo kajenský pepř, podle chuti

INSTRUKCE:
a) Kleštěmi vezměte po jednom papadu a zahřejte jej nad varnou deskou. Pokud máte plynový sporák, vařte jej přímo nad plamenem a dávejte pozor, abyste vyfoukli malé kousky, které se vznítí. Nejlepší způsob, jak je vařit, je neustále je obracet, dokud nebudou všechny části uvařené a křupavé. Používáte-li elektrický sporák, zahřejte je na mřížce umístěné nad hořákem a nepřetržitě je převracejte, dokud nebudou křupavé. Buďte opatrní – snadno se připálí.
b) Papady rozložte na velký tác.
c) Cukrářským štětcem lehce potřete každý padpad olejem.
d) V malé misce smíchejte cibuli, rajčata a chilli.
e) Na každý papad dejte 2 lžíce cibulové směsi.
f) Doplňte každý papad posypem Chaat Masala a červeným chilským práškem. Ihned podávejte.

18. Poha (zploštělá rýže) s hráškem

SLOŽENÍ:
- 1 šálek poha (plochá rýže)
- 1/2 lžičky hořčičných semínek
- 1/2 lžičky semínek kmínu
- 1/4 lžičky kurkumového prášku
- 1/2 šálku zeleného hrášku
- Kari listy
- 2 lžíce arašídů
- 1/2 šálku nakrájené cibule
- 1-2 zelené chilli papričky, nakrájené
- Citronová šťáva podle chuti
- Nakrájené lístky koriandru na ozdobu

INSTRUKCE:
a) Opláchněte poha a dejte stranou.
b) Na pánvi rozehřejte olej a přidejte hořčičná semínka, kmín, kari listy a arašídy.
c) Přidejte nakrájenou cibuli, zelené chilli a restujte, dokud cibule nezezlátne.
d) Přidejte prášek z kurkumy, zelený hrášek a propláchnutou poha. Dobře promíchejte.
e) Vařte, dokud se poha nezahřeje. Před podáváním přidejte citronovou šťávu a ozdobte nasekanými lístky koriandru.

19. Pečené ořechy masala

SLOŽENÍ:
- 2 šálky (276 g) syrových kešu ořechů
- 2 šálky (286 g) surových mandlí
- 1 lžíce garam masala, chaat masala nebo sambhar masala
- 1 lžička hrubé mořské soli
- 1 lžíce oleje
- ¼ šálku (41 g) zlatých rozinek

INSTRUKCE:
a) Nastavte rošt trouby na nejvyšší pozici a předehřejte troubu na 425 °F (220 °C). Plech na pečení vyložte hliníkovou fólií pro snadné čištění.
b) V hluboké misce smíchejte všechny ingredience kromě rozinek, dokud nebudou ořechy rovnoměrně obaleny.
c) Ořechovou směs rozložte v jedné vrstvě na připravený plech.
d) Pečte 10 minut, v polovině doby vaření jemně promíchejte, aby se ořechy uvařily rovnoměrně.
e) Vyjměte pánev z trouby. Přidejte rozinky a nechte směs alespoň 20 minut chladnout. Tento krok je důležitý. Vařené ořechy se stanou žvýkacími, ale po vychladnutí získají zpět svou křupavost. Ihned podávejte nebo skladujte ve vzduchotěsné nádobě po dobu až jednoho měsíce.

20. Čajem kořeněné pražené mandle a kešu

SLOŽENÍ:
- 2 šálky (276 g) syrových kešu ořechů
- 2 šálky (286 g) surových mandlí
- 1 lžíce Chai masala
- 1 lžíce jaggery (gur) nebo hnědého cukru
- ½ lžičky hrubé mořské soli
- 1 lžíce oleje

INSTRUKCE:
a) Nastavte rošt trouby na nejvyšší pozici a předehřejte troubu na 425 °F (220 °C). Plech na pečení vyložte hliníkovou fólií pro snadné čištění.
b) V hluboké misce smíchejte všechny ingredience a dobře promíchejte, dokud nebudou ořechy rovnoměrně obaleny.
c) Ořechovou směs rozložte v jedné vrstvě na připravený plech.
d) Pečte 10 minut, v polovině doby vaření promíchejte, aby se směs propekla rovnoměrně.
e) Vyjměte plech z trouby a nechte směs asi 20 minut chladnout. Tento krok je důležitý. Vařené ořechy se stanou žvýkacími, ale po vychladnutí získají zpět svou křupavost.
f) Ihned podávejte nebo skladujte ve vzduchotěsné nádobě po dobu až jednoho měsíce.

21. Pečené zeleninové čtverečky

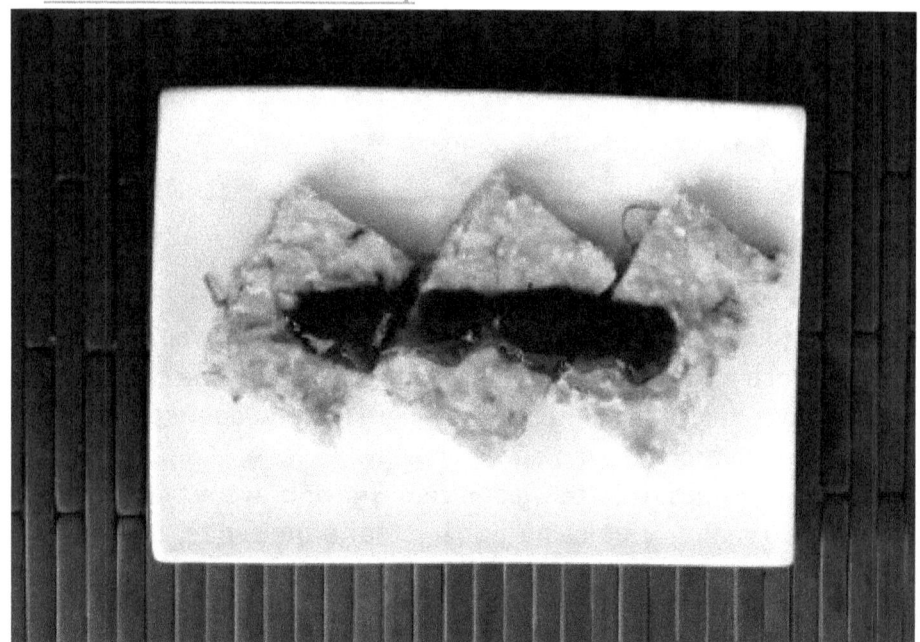

SLOŽENÍ:

- 2 šálky (140 g) strouhaného bílého zelí (½ malé hlávky)
- 1 šálek (100 g) nastrouhaného květáku (¼ střední hlávky)
- 1 šálek (124 g) nastrouhané cukety
- ½ brambor, oloupaných a nastrouhaných
- ½ středně žluté nebo červené cibule, oloupané a nakrájené na kostičky
- 1 ks kořen zázvoru, oloupaný a nastrouhaný nebo nasekaný
- 3–4 nakrájené zelené thajské, serrano nebo kajenské chilli papričky
- ¼ šálku (4 g) mletého čerstvého koriandru
- 3 šálky (276 g) gramové (cizrnové) mouky (besan)
- ½ 12uncového balení hedvábného tofu
- 1 lžíce hrubé mořské soli
- 1 lžička prášku z kurkumy
- 1 čajová lžička červeného chilského prášku nebo cayenne
- ¼ lžičky prášku do pečiva
- ¼ šálku (59 ml) oleje

INSTRUKCE:

a) Nastavte mřížku trouby do střední polohy a předehřejte troubu na 350 °F (180 °C). Čtvercový pekáč o velikosti 10 palců (25 cm) vymažte olejem. Pokud chcete tenčí, křupavější pakoru, použijte větší pekáč.

b) V hluboké misce smíchejte zelí, květák, cuketu, brambory, cibuli, kořen zázvoru, chilli a koriandr.

c) Přidejte mouku a pomalu míchejte, dokud se dobře nespojí. Pomáhá používat ruce, abyste opravdu všechno promíchali.

d) V kuchyňském robotu, mixéru nebo výkonnějším mixéru rozmixujte tofu do hladka.

e) Do zeleninové směsi přidejte rozmixované tofu, sůl, kurkumu, prášek z červeného chilli, prášek do pečiva a olej. Směs.

f) Směs nalijte do připraveného pekáče.

g) Pečte 45 až 50 minut, podle toho, jak je vaše trouba vyhřátá. Pokrm je hotový, když párátko zapíchnuté do středu vyjde čisté.

h) Nechejte 10 minut chladit a nakrájejte na čtverce. Podávejte s oblíbeným chutney.

22. Chai kořeněné pražené ořechy

SLOŽENÍ:
- 4 šálky nesolených míchaných ořechů
- ¼ šálku javorového sirupu
- 3 lžíce rozpuštěného kokosového oleje
- 2 lžíce kokosového cukru
- 3 lžičky mletého zázvoru
- 2 lžičky mleté skořice
- 2 lžičky mletého kardamomu
- 1 lžička mletého nového koření
- 1 čajová lžička čistého vanilkového prášku
- ½ lžičky soli
- ¼ lžičky černého pepře

INSTRUKCE:
a) Předehřejte troubu na 325 °F (163 °C). Okrajový plech vyložte pečicím papírem a dejte stranou.
b) Ve velké míse smíchejte všechny ingredience kromě ořechů. Dobře promíchejte, aby vznikla chutná směs.
c) Do mísy přidejte rozmixované ořechy a házejte je, dokud nebudou rovnoměrně potažené kořeněnou směsí.
d) Obalené ořechy rozprostřete na připravený plech v rovnoměrné vrstvě.
e) Ořechy pečeme v předehřáté troubě asi 20 minut. Nezapomeňte otočit pánví a v polovině doby pečení ořechy promíchat, abyste zajistili rovnoměrné vaření.
f) Po dokončení vyjměte pražené ořechy z trouby a nechte je zcela vychladnout.
g) Uchovávejte pražené ořechy kořeněné chai ve vzduchotěsné nádobě při pokojové teplotě pro lahodné občerstvení.

23. Cizrnové poppers

SLOŽENÍ:
- 4 šálky vařené cizrny nebo 2 12-uncové plechovky cizrny
- 1 lžíce garam masala, chaat masala nebo sambhar masala
- 2 lžičky hrubé mořské soli 2 lžíce oleje
- 1 čajová lžička prášku z červeného chilli, kajenského pepře nebo papriky a další na posypání

INSTRUKCE:
a) Nastavte rošt trouby na nejvyšší pozici a předehřejte troubu na 425 °F (220 °C). Plech na pečení vyložte hliníkovou fólií pro snadné čištění.
b) Cizrnu sceďte ve velkém cedníku asi 15 minut, aby se zbavila co největší vlhkosti. Pokud používáte konzervy, nejprve opláchněte.
c) Ve velké míse jemně promíchejte všechny ingredience.
d) Ochucenou cizrnu rozložte v jedné vrstvě na plech.
e) Vařte 15 minut. Plech opatrně vyndejte z trouby, jemně promíchejte, aby se cizrna uvařila rovnoměrně, a pečte dalších 10 minut.
f) Necháme 15 minut vychladnout. Posypte červeným chilským práškem, kajenským pepřem nebo paprikou.

24. Dip z pečeného lilku

SLOŽENÍ:
- 3 střední lilky se slupkou (velká, kulatá, fialová odrůda)
- 2 lžíce oleje
- 1 vrchovatá lžička semínek kmínu
- 1 lžička mletého koriandru
- 1 lžička prášku z kurkumy
- 1 velká žlutá nebo červená cibule, oloupaná a nakrájená na kostičky
- 1 (2palcový [5cm]) kousek kořene zázvoru, oloupaný a nastrouhaný nebo nasekaný
- 8 stroužků česneku, oloupaných a nastrouhaných nebo nasekaných
- 2 střední rajčata, oloupaná (pokud možno) a nakrájená na kostičky
- 1–4 nakrájené zelené thajské, serrano nebo kajenské chilli papričky
- 1 čajová lžička červeného chilského prášku nebo cayenne
- 1 lžíce hrubé mořské soli

INSTRUKCE:

a) Nastavte rošt trouby do druhé nejvyšší polohy. Předehřejte brojler na 500 °F (260 °C). Plech na pečení vyložte hliníkovou fólií, aby se později nevytvořil nepořádek.

b) V lilku propíchněte vidličkou otvory (aby se uvolnila pára) a položte je na plech. Grilujte 30 minut, jednou otočte. Po dokončení bude kůže na některých místech spálená a spálená. Vyjměte plech z trouby a nechte lilek vychladnout alespoň 15 minut. Ostrým nožem rozřízněte podélně od jednoho konce lilku ke druhému lilek a mírně jej rozevřete. Uvnitř vydlabejte opečenou dužinu, dávejte pozor, abyste se vyhnuli páře a zachránili co nejvíce šťávy. Dejte opečenou dužinu lilku do misky – budete mít asi 4 šálky (948 ml).

c) V hluboké, těžké pánvi rozehřejte olej na středně vysokou teplotu.

d) Přidejte kmín a vařte, dokud nezačne prskat, asi 30 sekund.

e) Přidejte koriandr a kurkumu. Promíchejte a vařte 30 sekund.

f) Přidejte cibuli a opékejte 2 minuty.

g) Přidejte kořen zázvoru a česnek a vařte další 2 minuty.

h) Přidejte rajčata a chilli. Vařte 3 minuty, dokud směs nezměkne.

i) Přidejte dužinu z opečených lilků a vařte dalších 5 minut, občas promíchejte, aby se neslepily.

j) Přidejte prášek z červeného chilli a sůl. V tomto okamžiku byste také měli odstranit a zlikvidovat všechny zatoulané kousky spálené slupky lilku.

k) Tuto směs rozmixujte ponorným mixérem nebo v samostatném mixéru. Nepřehánějte to – stále by tam měla být nějaká textura. Podávejte s opečenými plátky naan, krekry nebo tortilla chipsy. Můžete také podávat tradičně s indickým jídlem roti, čočkou a raitou.

25. Pikantní sladké bramborové placičky

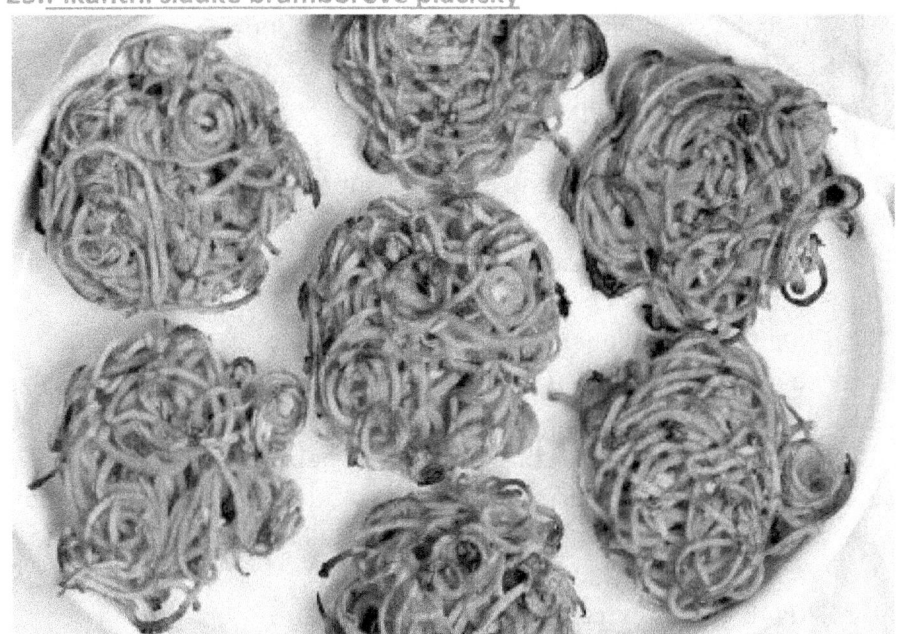

SLOŽENÍ:

- 1 velký sladký brambor (nebo bílý brambor), oloupaný a nakrájený
- ½ palce (13 mm) kostky (asi 4 šálky [600 g])
- 3 polévkové lžíce (45 ml) oleje, rozdělené
- 1 lžička semínek kmínu
- ½ středně žluté nebo červené cibule, oloupané a nakrájené na jemné kostičky
- 1 (1-palcový [2,5 g]) kousek kořene zázvoru, oloupaný a nastrouhaný nebo nasekaný
- 1 lžička prášku z kurkumy
- 1 lžička mletého koriandru
- 1 lžička garam masala
- 1 čajová lžička červeného chilského prášku nebo cayenne
- 1 šálek (145 g) hrášku, čerstvého nebo mraženého (nejprve rozmrazit)
- 1–2 zelené thajské, serrano nebo kajenské chilli papričky, nakrájené
- 1 lžička hrubé mořské soli
- ½ šálku (46 g) gramu (cizrnové) mouky (besan)
- 1 lžíce citronové šťávy
- Nakrájená čerstvá petržel nebo koriandr na ozdobu

INSTRUKCE:
a) Brambory vařte v páře do měkka, asi 7 minut. Nechat vychladnout. Pomocí rukou nebo šťouchadlem na brambory ji jemně rozdrťte. V tuto chvíli budete mít asi 3 šálky (630 g) bramborové kaše.
b) V mělké pánvi rozehřejte 2 lžíce oleje na středně vysokou teplotu.
c) Přidejte kmín a vařte, dokud nezaprská a nezhnědne, asi 30 sekund.
d) Přidejte cibuli, kořen zázvoru, kurkumu, koriandr, garam masalu a prášek z červeného chilli. Vařte do měkka, další 2 až 3 minuty. Směs necháme vychladnout.
e) Jakmile vychladne, přidejte směs k bramborám, poté hrášek, zelené chilli, sůl, gram mouky a citronovou šťávu.
f) Dobře promíchejte rukama nebo velkou lžící.
g) Ze směsi tvoříme malé placičky a dáme je stranou na tác.
h) Ve velké, těžké pánvi rozehřejte zbývající 1 lžíci oleje na středně vysokou teplotu. Placičky pečte v dávkách po 2 až 4, v závislosti na velikosti pánve, asi 2 až 3 minuty z každé strany, dokud nezhnědnou.
i) Podávejte horké, ozdobené nasekanou čerstvou petrželkou nebo koriandrem. Tuto placičku můžete jíst jako sendvič, na hlávkovém salátu nebo jako zábavnou přílohu k hlavnímu jídlu. Směs vydrží v lednici asi 3 až 4 dny. Chcete-li vyrobit tradičnější placičku, použijte místo sladkých brambor běžné brambory.

26. Sharonovy zeleninové salátové sendviče

SLOŽENÍ:

- 1 velké rajče, nakrájené na silné plátky
- 1 velká paprika nakrájená na tenké plátky
- 1 velká červená cibule, oloupaná a nakrájená na tenké plátky
- Šťáva z 1 citronu
- ½ lžičky hrubé mořské soli
- ½ lžičky černé soli (kala namak)

INSTRUKCE:

a) Na talíř rozložte zeleninu nejprve rajčaty, poté paprikou a kolečky cibule.

b) Zeleninu posypte citronovou šťávou, mořskou solí a černou solí.

c) Ihned podávejte. Sedět na trávníku před domem a dělat sendviče je volitelné.

27. Sojový jogurt Raita

SLOŽENÍ:
- 1 šálek (237 ml) obyčejného, neslazeného sójového jogurtu
- 1 okurka, oloupaná, nastrouhaná a vymačkaná, aby se odstranila přebytečná voda
- ½ lžičky praženého mletého kmínu
- ½ lžičky hrubé mořské soli
- ½ lžičky černé soli (kala namak)
- ½ lžičky červeného chilli prášku
- Šťáva z ½ citronu nebo limetky

INSTRUKCE:
a) V míse smícháme všechny ingredience. Ihned podávejte.

28. Severoindický hummus

SLOŽENÍ:
- 2 šálky (396 g) vařených celých fazolí nebo čočky
- Šťáva z 1 středního citronu
- 1 stroužek česneku, oloupaný, oloupaný a nahrubo nasekaný
- 1 lžička hrubé mořské soli
- 1 lžička mletého černého pepře
- ½ lžičky praženého mletého kmínu
- ½ lžičky mletého koriandru
- ¼ šálku (4 g) nasekaného čerstvého koriandru
- ⅓ šálku (79 ml) plus 1 lžíce olivového oleje
- 1–4 polévkové lžíce (15–60 ml) vody
- ½ lžičky papriky, na ozdobu

INSTRUKCE:
a) V kuchyňském robotu smíchejte fazole nebo čočku, citronovou šťávu, česnek, sůl, černý pepř, kmín, koriandr a koriandr. Zpracujte, dokud se dobře nepromíchá.

b) Při stále běžícím stroji přidejte olej. Pokračujte ve zpracování, dokud není směs krémová a hladká, přidávejte vodu podle potřeby, 1 polévkovou lžíci.

29. Chai kořeněný popcorn

SLOŽENÍ:
- 3 lžíce kokosového oleje
- ½ šálku popcornových jader
- 1 lžič ka košer soli
- ½ lžič ky mletého nového koř ení
- ½ lžič ky mleté skoř ice
- ½ lžič ky mletého hř ebíč ku
- 1 lžíce olivového oleje

INSTRUKCE:
a) Kokosový olej a popcornová jádra dejte do velkého hrnce s těsně př iléhajícím víkem. Zahř ívejte na stř edně vysokou teplotu za stálého pohybu hrnce tam a zpět nad plamenem.
b) Pokrač ujte v protř epávání hrnce, dokud se praskání nezač ne zpomalovat. Sundejte z plotny a př endejte popuzenou kukuř ici do misky. Podle chuti posypte solí.
c) V samostatné malé misce smíchejte nové koř ení, skoř ici a hř ebíč ek.
d) Smíchejte č erstvě naskoč ený popcorn se směsí koř ení a olivovým olejem pro lahodnou pochoutku koř eněnou chai.

CIZRNA, Fazole A ČOČKA

30.Pečené fazole Masala nebo čočka

SLOŽENÍ:
- 4 šálky vařených celých fazolí nebo čočky
- 1 lžíce garam masala, chaat masala nebo sambhar masala
- 2 lžičky hrubé mořské soli
- 2 lžíce oleje
- 1 čajová lžička červeného chilli prášku, kajenského pepře nebo papriky

INSTRUKCE:
a) Předehřejte troubu na 425 °F (220 °C). Plech na pečení vyložte hliníkovou fólií pro snadné čištění.
b) Ve velké míse jemně promíchejte fazole nebo čočku, masalu, sůl a olej.
c) Ochucené fazole nebo čočku rozložte v jedné vrstvě na připravený plech.
d) Pečte 25 minut.
e) Posypte červenou chilli, kajenskou paprikou nebo paprikou.

31. Rychlá masala fazole nebo čočka

SLOŽENÍ:

- 1 šálek (237 ml) Gila Masala
- 1 šálek (150 g) nakrájené zeleniny
- 1–3 nakrájené thajské, serrano nebo kajenské chilli papričky
- 1 lžička garam masala
- 1 lžička mletého koriandru
- 1 lžička praženého mletého kmínu
- ½ čajové lžičky červeného chilského prášku nebo kajenského pepře
- 1½ lžičky hrubé mořské soli
- 2 šálky (474 ml) vody
- 2 šálky (396 g) vařených celých fazolí nebo čočky
- 1 lžíce nasekaného čerstvého koriandru na ozdobu

INSTRUKCE:

a) V hlubokém, těžkém hrnci zahřejte Gila Masala na středně vysokou teplotu, dokud nezačne bublat.

b) Přidejte zeleninu, chilli papričky, garam masalu, koriandr, kmín, prášek z červeného chilli, sůl a vodu. Vařte, dokud zelenina nezměkne, 15 až 20 minut.

c) Přidejte fazole nebo čočku. Vařte, dokud se neprohřeje.

d) Ozdobte koriandrem a ihned podávejte s hnědou nebo bílou rýží basmati, roti nebo naan.

32. Severoindické kari fazole nebo čočka

SLOŽENÍ:
- 2 lžíce oleje
- ½ lžičky asafetida (hing)
- 2 lžičky semínek kmínu
- ½ lžičky kurkumového prášku
- 1 tyčinka skořice
- 1 list kasie (nebo bobkový list)
- ½ středně žluté nebo červené cibule, oloupané a nasekané
- 1 ks kořen zázvoru, oloupaný a nastrouhaný nebo nasekaný
- 4 stroužky česneku, oloupané a nastrouhané nebo nasekané
- 2 velká rajčata, oloupaná a nakrájená na kostičky
- 2–4 nakrájené zelené thajské, serrano nebo kajenské chilli papričky
- 4 šálky vařených celých fazolí nebo čočky
- 4 šálky vody
- 1½ lžičky hrubé mořské soli
- 1 čajová lžička červeného chilského prášku nebo cayenne
- 2 lžíce nasekaného čerstvého koriandru na ozdobu

INSTRUKCE:
a) V těžkém hrnci rozehřejte olej na středně vysokou teplotu.
b) Přidejte asafetidu, římský kmín, kurkumu, skořici a list kasie a vařte, dokud semena nezaprskají, asi 30 sekund.
c) Přidejte cibuli a vařte, dokud mírně nezhnědne, asi 3 minuty. Často mícháme, aby se cibule nepřichytila k pánvi.
d) Přidejte kořen zázvoru a česnek. Vařte další 2 minuty.
e) Přidejte rajčata a zelené chilli.
f) Snižte teplotu na středně nízkou a vařte 3 až 5 minut, dokud se rajčata nezačnou rozpadat.
g) Přidejte fazole nebo čočku a vařte další 2 minuty.
h) Přidejte vodu, sůl a prášek z červeného chilli. Přivést k varu.
i) Jakmile se směs vaří, snižte teplotu a vařte 10 až 15 minut.
j) Ozdobte koriandrem a podávejte s hnědou nebo bílou rýží basmati, roti nebo naan.

33. Jihoindické fazole s kari listy

SLOŽENÍ:
- 2 lžíce kokosového oleje
- ½ čajové lžičky prášku asafetida (hing)
- ½ lžičky kurkumového prášku
- 1 lžička semínek kmínu
- 1 lžička semínek černé hořčice
- 15–20 čerstvých kari listů, nahrubo nasekaných
- 6 celých sušených červených chilli papriček, nahrubo nasekaných
- ½ středně žluté nebo červené cibule, oloupané a nakrájené na kostičky
- 1 (14 uncí [420 ml]) kokosové mléko, lehké nebo plnotučné
- 1 šálek (237 ml) vody
- 1 čajová lžička Rasam Powder nebo Sambhar Masala
- 1½ lžičky hrubé mořské soli
- 1 čajová lžička červeného chilského prášku nebo cayenne
- 3 šálky (576 g) vařených celých fazolí nebo čočky
- 1 lžíce nasekaného čerstvého koriandru na ozdobu

INSTRUKCE:
a) V hlubokém, těžkém hrnci rozehřejte olej na středně vysokou teplotu.
b) Přidejte asafetidu, kurkumu, kmín, hořčici, kari listy a červené chilli papričky. Vařte, dokud semínka nezaprskají, asi 30 sekund. Hořčičná semínka mohou prasknout, mějte proto po ruce víko.
c) Přidejte cibuli. Vařte do zhnědnutí, asi 2 minuty, za častého míchání, aby se nepřilepily.
d) Přidejte kokosové mléko, vodu, Rasam Powder nebo Sambhar Masala, sůl a prášek z červeného chilli. Přiveďte k varu a poté snižte teplotu a vařte 1 až 2 minuty, dokud chutě nevyluhují mléko.
e) Přidejte fazole nebo čočku. Prohřejte a vařte 2 až 4 minuty, dokud se luštěniny nenasytí chutí. Pokud chcete polévkovou konzistenci, přidejte další šálek vody. Ihned podávejte ozdobené koriandrem v hlubokých miskách s hnědou nebo bílou rýží basmati.

34.Kari inspirované Goanem s kokosovým mlékem

SLOŽENÍ:
- 1 lžíce oleje
- ½ velké cibule, oloupané a nakrájené na kostičky
- 1 ks kořen zázvoru, oloupaný a nastrouhaný nebo nasekaný
- 4 stroužky česneku, oloupané a nastrouhané nebo nasekané
- 1 velké rajče, nakrájené na kostičky (2 šálky)
- 1–3 nakrájené zelené thajské, serrano nebo kajenské chilli papričky
- 1 lžíce mletého koriandru
- 1 lžíce mletého kmínu
- 1 lžička prášku z kurkumy
- 1 lžička tamarindové pasty
- 1 vrchovatá lžička jaggery (gur) nebo hnědého cukru
- 1½ lžičky hrubé mořské soli
- 3 šálky (711 ml) vody
- 4 šálky vařené celé čočky nebo fazolí (tradiční černooký hrášek)
- 1 šálek (237 ml) kokosového mléka, běžného nebo světlého
- Šťáva z ½ středního citronu
- 1 lžíce nasekaného čerstvého koriandru na ozdobu

INSTRUKCE:
a) V hlubokém, těžkém hrnci rozehřejte olej na středně vysokou teplotu.
b) Přidejte cibuli a vařte 2 minuty, dokud mírně nezhnědne.
c) Přidejte kořen zázvoru a česnek. Vařte další minutu.
d) Přidejte rajče, chilli papričky, koriandr, kmín, kurkumu, tamarind, jaggery, sůl a vodu.
e) Přiveďte k varu, snižte plamen a odkryté vařte 15 minut.
f) Přidejte čočku nebo fazole a kokosové mléko a prohřejte.
g) Přidejte citronovou šťávu a ozdobte koriandrem. Podávejte s hnědou nebo bílou rýží basmati, roti nebo naan.

35. Luštěniny Chana Masala

SLOŽENÍ:
- 2 lžíce oleje
- 1 vrchovatá lžička semínek kmínu
- ½ lžičky kurkumového prášku
- 2 lžíce Chana masala
- 1 velká žlutá nebo červená cibule, oloupaná a nakrájená na kostičky
- 1 (2palcový [5cm]) kousek kořene zázvoru, oloupaný a nastrouhaný nebo nasekaný
- 4 stroužky česneku, oloupané a nastrouhané nebo nasekané
- 2 střední rajčata, nakrájená na kostičky
- 1–3 nakrájené zelené thajské, serrano nebo kajenské chilli papričky
- 1 čajová lžička červeného chilského prášku nebo cayenne
- 1 lžíce hrubé mořské soli
- 1 šálek (237 ml) vody
- 4 šálky uvařených celých fazolí nebo čočky (tradiční bílá cizrna)

INSTRUKCE:
a) V hluboké, těžké pánvi rozehřejte olej na středně vysokou teplotu.

b) Přidejte kmín, kurkumu a Chana masalu a vařte, dokud semena nezačnou prskat, asi 30 sekund.

c) Přidejte cibuli a vařte do měkka, asi minutu.

d) Přidejte kořen zázvoru a česnek. Vařte další minutu.

e) Přidejte rajčata, zelené chilli, prášek z červeného chilli, sůl a vodu.

f) Přiveďte k varu, snižte plamen a vařte 10 minut, dokud se všechny ingredience nespojí.

g) Přidejte fazole nebo čočku a provařte. Podávejte s hnědou nebo bílou rýží basmati nebo s roti nebo naan.

36. Pandžábské kari fazole

SLOŽENÍ:
- 1 středně žlutá nebo červená cibule, oloupaná a nahrubo nakrájená
- 1 ks kořen zázvoru, oloupaný a nahrubo nasekaný
- 4 stroužky česneku, oloupané a nakrájené
- 2–4 zelené thajské, serrano nebo kajenské chilli
- 2 lžíce oleje
- ½ lžičky asafetida (hing)
- 2 lžičky semínek kmínu
- 1 lžička prášku z kurkumy
- 1 tyčinka skořice
- 2 celé hřebíčky
- 1 lusk černého kardamomu
- 2 střední rajčata, oloupaná a nakrájená na kostičky (1 šálek)
- 2 lžíce rajčatového protlaku
- 4 šálky vařených celých fazolí nebo čočky
- 2 šálky (474 ml) vody
- 2 lžičky hrubé mořské soli
- 2 lžičky garam masala
- 1 čajová lžička červeného chilského prášku nebo cayenne
- 2 vrchovaté polévkové lžíce mletého čerstvého koriandru

INSTRUKCE:
a) V kuchyňském robotu zpracujte cibuli, kořen zázvoru, česnek a chilli papričky na vodovou pastu.
b) V hluboké, těžké pánvi rozehřejte olej na středně vysokou teplotu.
c) Přidejte asafetidu, kmín, kurkumu, skořici, hřebíček a kardamom. Vařte, dokud směs nezměkne, asi 30 sekund.
d) Pomalu přidávejte cibulovou pastu. Buďte opatrní – při dopadu na horký olej může vystříknout. Vařte do zhnědnutí za občasného míchání asi 2 minuty.
e) Přidejte rajčata, rajčatový protlak, čočku nebo fazole, vodu, sůl, garam masalu a prášek z červeného chilli.
f) Směs přiveďte k varu, poté snižte teplotu a vařte 10 minut.
g) Vyjměte celé koření. Přidejte koriandr a podávejte na lůžku z hnědé nebo bílé rýže basmati.

37. Kari inspirované sambharem na sporáku

SLOŽENÍ:
- 2 šálky (396 g) vařených celých fazolí nebo čočky
- 9 šálků (2,13 l) vody
- 1 střední brambor, oloupaný a nakrájený na kostičky
- 1 lžička tamarindové pasty
- 5 šálků (750 g) zeleniny (použijte různé), nakrájené na kostičky a julien
- 2 vrchovaté polévkové lžíce Sambhar Masala
- 1 lžíce oleje
- 1 čajová lžička prášku asafetida (hing) (volitelné)
- 1 lžíce černých hořčičných semínek
- 5–8 celých sušených červených chilli papriček, nahrubo nasekaných
- 8–10 čerstvých kari listů, nahrubo nasekaných
- 1 čajová lžička červeného chilského prášku nebo cayenne
- 1 lžíce hrubé mořské soli

INSTRUKCE:
a) V hluboké polévkové nádobě na středně vysokém ohni smíchejte fazole nebo čočku, vodu, brambory, tamarind, zeleninu a Sambhar Masala. Přivést k varu.

b) Snižte teplotu a vařte 15 minut, dokud zelenina nezměkne a nezměkne.

c) Připravte temperování (tarka). V malé pánvi rozehřejte olej na středně vysokou teplotu. Přidejte asafetidu (pokud používáte) a hořčičná semínka. Hořčice má tendenci praskat, mějte proto po ruce víko.

d) Jakmile začnou semínka praskat, rychle přidejte červené chilli papričky a kari listy. Vařte další 2 minuty za častého míchání.

e) Jakmile začnou kari listy hnědnout a kroutit se, přidejte tuto směs k čočce. Vařte dalších 5 minut.

f) Přidejte prášek z červeného chilli a sůl. Podávejte jako vydatnou polévku, jako tradiční přílohu k dosa nebo s hnědou či bílou rýží basmati.

38. Pomalu vařené fazole a čočka

SLOŽENÍ:
- 2 šálky (454 g) sušených fazolí lima, seberte a omyjte
- ½ střední žluté nebo červené cibule, oloupané a nahrubo nakrájené
- 1 střední rajče, nakrájené na kostičky
- 1 kus kořene zázvoru, oloupaný a nastrouhaný nebo nasekaný
- 2 stroužky česneku, oloupané a nastrouhané nebo nasekané
- 1–3 nakrájené zelené thajské, serrano nebo kajenské chilli papričky
- 3 celé hřebíčky
- 1 vrchovatá lžička semínek kmínu
- 1 čajová lžička červeného chilského prášku nebo cayenne
- vrchovatá lžička hrubé mořské soli
- ½ lžičky kurkumového prášku
- ½ lžičky garam masala
- 7 šálků (1,66 l) vody
- ¼ šálku (4 g) nasekaného čerstvého koriandru

INSTRUKCE:
a) Do pomalého hrnce vložte všechny ingredience kromě koriandru. Vařte na nejvyšší stupeň 7 hodin, dokud se fazole nerozpadnou a nebudou trochu krémové.

b) Zhruba v polovině procesu vaření budou fazole vypadat jako hotové, ale pokračujte v pomalém hrnci. Kari bude stále vodnaté a bude se muset dále vařit.

c) Odstraňte hřebíček, pokud je najdete. Přidejte čerstvý koriandr a podávejte s rýží basmati nebo s roti nebo naan.

39.Chana a Split Moon Dal s pepřovými vločkami

SLOŽENÍ:
- 1 šálek (192 g) štěpeného gramu (chana dal), seberte a omyjte
- 1 hrnek (192 g) sušené nalámané zelené čočky se slupkou (moong dal), seberte a omyjte
- ½ středně žluté nebo červené cibule, oloupané a nakrájené na kostičky
- 1 ks kořen zázvoru, oloupaný a nastrouhaný nebo nasekaný
- 4 stroužky česneku, oloupané a nastrouhané nebo nasekané
- 1 střední rajče, oloupané a nakrájené na kostičky
- 1–3 nakrájené zelené thajské, serrano nebo kajenské chilli papričky
- 1 polévková lžíce plus 1 lžička semen kmínu, rozdělená
- 1 lžička prášku z kurkumy
- 2 lžičky hrubé mořské soli
- 1 čajová lžička červeného chilského prášku nebo cayenne
- 6 šálků vody
- 2 lžíce oleje
- 1 lžička vloček červené papriky
- 2 lžíce mletého čerstvého koriandru

INSTRUKCE:
a) Do pomalého hrnce dejte dělený gram, zelenou čočku, cibuli, kořen zázvoru, česnek, rajče, chilli, 1 lžíci kmínu, kurkumu, sůl, prášek z červeného chilli a vodu. Vařte na nejvyšší stupeň 5 hodin.

b) Ke konci doby vaření rozehřejte olej v mělké pánvi na středně vysokou teplotu.

c) Přidejte zbývající 1 lžičku kmínu.

d) Jakmile bude prskat, přidejte vločky červené papriky. Vařte dalších maximálně 30 sekund. Pokud budete vařit příliš dlouho, vločky budou příliš tvrdé.

e) Tuto směs přidejte spolu s koriandrem k čočce.

f) Podávejte to samotné jako polévku nebo s hnědou nebo bílou basmati rýží, roti nebo naan.

ZELENINA

40. Kořeněné tofu a rajčata

SLOŽENÍ:

- 2 lžíce oleje
- 1 vrchovatá lžíce semínek kmínu
- 1 lžička prášku z kurkumy
- 1 střední červená nebo žlutá cibule, oloupaná a nasekaná
- 1 (2palcový [5cm]) kousek kořene zázvoru, oloupaný a nastrouhaný nebo nasekaný
- 6 stroužků česneku, oloupaných a nastrouhaných nebo nasekaných
- 2 střední rajčata, oloupaná (volitelně) a nakrájená (3 šálky [480 g])
- 2–4 nakrájené zelené thajské, serrano nebo kajenské chilli papričky
- 1 lžíce rajčatového protlaku
- 1 lžíce garam masala
- 1 polévková lžíce sušených listů pískavice řecké seno (kasoori methi), lehce rozdrcených rukou, aby se uvolnily jejich aroma
- 1 šálek (237 ml) vody
- 2 lžičky hrubé mořské soli
- 1 čajová lžička červeného chilského prášku nebo cayenne
- 2 středně zelené papriky, zbavené semínek a nakrájené na kostičky (2 šálky)
- 2 balení (14 uncí [397 g]) extra pevné organické tofu, pečené a nakrájené na kostky

INSTRUKCE:

a) Ve velké, těžké pánvi rozehřejte olej na středně vysokou teplotu.
b) Přidejte kmín a kurkumu. Vařte, dokud semínka nezaprskají, asi 30 sekund.
c) Přidejte cibuli, kořen zázvoru a česnek. Vařte 2 až 3 minuty, dokud lehce nezhnědne, za občasného míchání.
d) Přidejte rajčata, chilli papričky, rajčatový protlak, garam masala, pískavice řecké seno, vodu, sůl a prášek z červeného chilli. Mírně snižte teplotu a 8 minut vařte bez pokličky.
e) Přidejte papriky a vařte další 2 minuty. Přidejte tofu a jemně promíchejte. Vařte další 2 minuty, dokud se nezahřeje. Podávejte s hnědou nebo bílou rýží basmati, roti nebo naan.

41.Kmínová bramborová kaše

SLOŽENÍ:

- 1 lžíce oleje
- 1 lžíce semínek kmínu
- ½ lžičky asafetida (hing)
- ½ lžičky kurkumového prášku
- ½ lžičky mangového prášku (amchur)
- 1 malá žlutá nebo červená cibule, oloupaná a nakrájená na kostičky
- 1 ks kořen zázvoru, oloupaný a nastrouhaný nebo nasekaný
- 3 velké vařené brambory (jakéhokoli druhu), oloupané a nakrájené na kostičky (4 šálky [600 g])
- 1 lžička hrubé mořské soli
- 1–2 zelené thajské, serrano nebo kajenské chilli papričky, stonky zbavené, nakrájené na tenké plátky
- ¼ šálku (4 g) mletého čerstvého koriandru, mletá šťáva z ½ citronu

INSTRUKCE:

a) V hluboké, těžké pánvi rozehřejte olej na středně vysokou teplotu.

b) Přidejte kmín, asafetidu, kurkumu a mango. Vařte, dokud semínka nezaprskají, asi 30 sekund.

c) Přidejte cibuli a kořen zázvoru. Vařte další minutu a míchejte, aby se nepřilepily.

d) Přidejte brambory a sůl. Dobře promícháme a vaříme, dokud se brambory neprohřejí.

e) Navrch dejte chilli papričky, koriandr a citronovou šťávu. Podávejte jako přílohu s roti nebo naanem nebo rolované v besan poora nebo dosa. To je skvělé jako náplň do vegetariánského sendviče nebo dokonce podávané v šálku hlávkového salátu.

42. Hořčičný bramborový hash

SLOŽENÍ:
- 1 lžíce děleného gramu (chana dal)
- 1 lžíce oleje
- 1 lžička prášku z kurkumy
- 1 lžička semínek černé hořčice
- 10 kari listů, nasekaných nahrubo
- 1 malá žlutá nebo červená cibule, oloupaná a nakrájená na kostičky
- 3 velké vařené brambory (jakéhokoli druhu), oloupané a nakrájené na kostičky (4 šálky [600 g])
- 1 lžička hrubé bílé soli
- 1–2 zelené thajské, serrano nebo kajenské chilli papričky, stonky zbavené, nakrájené na tenké plátky

INSTRUKCE:
a) Během přípravy zbývajících ingrediencí namočte dělený gram do vařené vody.
b) V hluboké, těžké pánvi rozehřejte olej na středně vysokou teplotu.
c) Přidejte kurkumu, hořčici, kari listy a scezený dělený gram. Buďte opatrní, semínka mají tendenci pukat a z namočené čočky může potřísnit olej, takže možná budete potřebovat poklici. Vařte 30 sekund, míchejte, aby se nepřilepily.
d) Přidejte cibuli. Vařte do mírného zhnědnutí, asi 2 minuty.
e) Přidejte brambory, sůl a chilli. Vařte další 2 minuty. Podávejte jako přílohu s roti nebo naanem nebo rolované v besan poora nebo dosa. To je skvělé jako náplň do vegetariánského sendviče nebo dokonce podávané v šálku hlávkového salátu.

43.Zelí v pandžábském stylu

SLOŽENÍ:
- 3 polévkové lžíce (45 ml) oleje
- 1 lžíce semínek kmínu
- 1 lžička prášku z kurkumy
- ½ žluté nebo červené cibule, oloupané a nakrájené na kostičky
- 1 ks kořen zázvoru, oloupaný a nastrouhaný nebo nasekaný
- 6 stroužků česneku, oloupaných a nasekaných
- 1 střední brambor, oloupaný a nakrájený na kostičky
- 1 středně hlávkové bílé zelí, odstraněné vnější listy a nakrájené najemno (asi 8 šálků [560 g])
- 1 šálek (145 g) hrášku, čerstvého nebo mraženého
- 1 zelené thajské, serrano nebo kajenské chilli, zbavené stopky, nakrájené
- 1 lžička mletého koriandru
- 1 lžička mletého kmínu
- 1 lžička mletého černého pepře
- ½ čajové lžičky červeného chilského prášku nebo kajenského pepře
- 1½ lžičky mořské soli

INSTRUKCE:
a) Všechny ingredience dejte do pomalého hrnce a jemně promíchejte.
b) Vařte při nízké teplotě po dobu 4 hodin. Podávejte s bílou nebo hnědou basmati rýží, roti nebo naan. Je to skvělá náplň do pita s trochou raita ze sójového jogurtu.

44. Zelí s hořčičnými semínky a kokosem

SLOŽENÍ:

- 2 lžíce celé černé čočky bez slupky (sabut urud dal)
- 2 lžíce kokosového oleje
- ½ lžičky asafetida (hing)
- 1 lžička semínek černé hořčice
- 10–12 kari listů, nahrubo nasekaných
- 2 lžíce neslazeného strouhaného kokosu
- 1 středně velké bílé zelí, nakrájené (8 šálků [560 g])
- 1 lžička hrubé mořské soli
- 1–2 thajské, serrano nebo kajenské chilli papričky, stonky zbavené, nakrájené podélně

INSTRUKCE:

a) Čočku namočte do převařené vody, aby změkla, zatímco budete připravovat zbývající ingredience.

b) V hluboké, těžké pánvi rozehřejte olej na středně vysokou teplotu.

c) Přidejte asafetidu, hořčici, okapanou čočku, kari listy a kokos. Zahřívejte, dokud semínka nevyskočí, asi 30 sekund. Dávejte pozor, abyste nespálili kari listy nebo kokos. Semínka mohou vyskočit, mějte proto po ruce víko.

d) Přidejte zelí a sůl. Vařte za pravidelného míchání 2 minuty, dokud zelí nezvadne.

e) Přidejte chilli papričky. Ihned podávejte jako teplý salát, studený nebo s roti či naanem.

45. Fazole s bramborami

SLOŽENÍ:

- 1 lžíce oleje
- 1 lžička semínek kmínu
- ½ lžičky kurkumového prášku
- 1 střední červená nebo žlutá cibule, oloupaná a nakrájená na kostičky
- 1 ks kořen zázvoru, oloupaný a nastrouhaný nebo nasekaný
- 3 stroužky česneku, oloupané a nastrouhané nebo nasekané
- 1 střední brambor, oloupaný a nakrájený na kostičky
- ¼ šálku (59 ml) vody
- 4 šálky (680 g) nasekaných fazolí (13 mm dlouhé)
- 1–2 thajské, serrano nebo kajenské chilli papričky, nakrájené
- 1 lžička hrubé mořské soli
- 1 čajová lžička červeného chilského prášku nebo cayenne

INSTRUKCE:

a) V těžké hluboké pánvi rozehřejte olej na středně vysoké teplotě.
b) Přidejte kmín a kurkumu a vařte, dokud semena nezaprskají, asi 30 sekund.
c) Přidejte cibuli, kořen zázvoru a česnek. Vařte do mírně hnědé barvy, asi 2 minuty.
d) Přidejte brambory a za stálého míchání vařte další 2 minuty. Přidejte vodu, abyste zabránili slepení.
e) Přidejte fazole. Vařte 2 minuty za občasného míchání.
f) Přidejte chilli, sůl a prášek z červeného chilli.
g) Snižte teplotu na středně nízkou a pánev částečně zakryjte. Vařte 15 minut, dokud nejsou fazole a brambory měkké. Vypněte oheň a nechte pánev přikrytou na stejném hořáku dalších 5 až 10 minut.
h) Podávejte s bílou nebo hnědou basmati rýží, roti nebo naan.

46. Lilek s bramborami

SLOŽENÍ:
- 2 lžíce oleje
- ½ lžičky asafetida (hing)
- 1 lžička semínek kmínu
- ½ lžičky kurkumového prášku
- 1 (2palcový [5cm]) kousek kořene zázvoru, oloupaný a nakrájený na ½palcové (13mm) dlouhé zápalky
- 4 stroužky česneku, oloupané a nahrubo nasekané
- 1 střední brambor, oloupaný a nahrubo nakrájený
- 1 velká cibule, oloupaná a nahrubo nakrájená
- 1–3 nakrájené thajské, serrano nebo kajenské chilli papričky
- 1 velké rajče, nakrájené nahrubo
- 4 střední lilky se slupkou, nahrubo nakrájené, včetně dřevitých konců (8 šálků [656 g])
- 2 lžičky hrubé mořské soli
- 1 lžíce garam masala
- 1 lžíce mletého koriandru
- 1 čajová lžička červeného chilského prášku nebo cayenne
- 2 lžíce nasekaného čerstvého koriandru na ozdobu

INSTRUKCE:
a) V hluboké, těžké pánvi rozehřejte olej na středně vysokou teplotu.

b) Přidejte asafetidu, kmín a kurkumu. Vařte, dokud semínka nezaprskají, asi 30 sekund.

c) Přidejte kořen zázvoru a česnek. Vařte za stálého míchání 1 minutu.

d) Přidejte brambory. Vařte 2 minuty.

e) Přidejte cibuli a chilli papričky a vařte další 2 minuty, dokud lehce nezhnědnou.

f) Přidejte rajčata a vařte 2 minuty. V tomto okamžiku budete mít vytvořený základ pro vaše jídlo.

g) Přidejte lilek. (Je důležité zachovat dřevité konce, abyste vy a vaši hosté mohli později vykousnout lahodný masitý střed.)

h) Přidejte sůl, garam masalu, koriandr a prášek z červeného chilli. Vařte 2 minuty.

i) Snižte teplotu, pánev částečně zakryjte a vařte dalších 10 minut.

j) Vypněte teplo, pánev úplně zakryjte a nechte 5 minut odležet, aby se všechny chutě skutečně propojily. Ozdobte koriandrem a podávejte s roti nebo naanem.

47. Masala růžičková kapusta

SLOŽENÍ:

- 1 lžíce oleje
- 1 lžička semínek kmínu
- 2 šálky (474 ml) Gila Masala
- 1 šálek (237 ml) vody
- 4 polévkové lžíce (60 ml) kešu smetany
- 4 šálky (352 g) růžičkové kapusty, oříznuté a rozpůlené
- 1–3 nakrájené thajské, serrano nebo kajenské chilli papričky
- 2 lžičky hrubé mořské soli
- 1 lžička garam masala
- 1 lžička mletého koriandru
- 1 čajová lžička červeného chilského prášku nebo cayenne
- 2 lžíce nasekaného čerstvého koriandru na ozdobu

INSTRUKCE:

a) V hluboké, těžké pánvi rozehřejte olej na středně vysokou teplotu.

b) Přidejte kmín a vařte, dokud semena nezaprskají, asi 30 sekund.

c) Přidejte vývar ze severoindické rajčatové polévky, vodu, kešu smetanu, růžičkovou kapustu, chilli, sůl, garam masalu, koriandr a prášek z červeného chilli.

d) Přivést k varu. Snižte plamen a odkryté vařte 10 až 12 minut, dokud růžičková kapusta nezměkne.

e) Ozdobte koriandrem a podávejte s hnědou nebo bílou rýží basmati nebo s roti nebo naan.

48.Červená řepa s hořčičnými semínky a kokosem

SLOŽENÍ:

- 1 lžíce oleje
- 1 lžička semínek černé hořčice
- 1 středně žlutá nebo červená cibule, oloupaná a nakrájená na kostičky
- 2 lžičky mletého kmínu
- 2 lžičky mletého koriandru
- 1 lžička jihoindické masaly
- 1 lžíce neslazeného strouhaného kokosu
- 5–6 malých řep, oloupaných a nakrájených na kostičky (3 šálky [408 g])
- 1 lžička hrubé mořské soli
- 1½ [356 ml] šálku vody

INSTRUKCE:

a) V těžké pánvi rozehřejte olej na středně vysokou teplotu.
b) Přidejte hořčičná semínka a vařte, dokud nezaprskají, asi 30 sekund.
c) Přidejte cibuli a opékejte, dokud lehce nezhnědne, asi 1 minutu.
d) Přidejte kmín, koriandr, jihoindickou masalu a kokos. Vařte 1 minutu.
e) Přidejte řepu a vařte 1 minutu.
f) Přidejte sůl a vodu. Přiveďte k varu, snižte plamen, přikryjte pokličkou a vařte 15 minut.
g) Vypněte teplo a nechte pánev přikryté 5 minut odležet, aby pokrm mohl absorbovat všechny chutě. Podávejte s hnědou nebo bílou rýží basmati nebo s roti nebo naan.

49.Strouhaná masala squash

SLOŽENÍ:
- 2 lžíce oleje
- 2 lžičky semínek kmínu
- 2 lžičky mletého koriandru
- 1 lžička prášku z kurkumy
- 1 velká dýně nebo dýně (jakákoli zimní nebo letní dýně bude fungovat), oloupaná a nastrouhaná (8 šálků [928 g])
- 1 (2palcový [5cm]) kousek kořene zázvoru, oloupaný a nakrájený na zápalky (⅓ šálku [32 g])
- 1 lžička hrubé mořské soli
- 2 lžíce vody Šťáva z 1 citronu
- 2 lžíce nasekaného čerstvého koriandru

INSTRUKCE:
a) V hluboké, těžké pánvi rozehřejte olej na středně vysokou teplotu.

b) Přidejte kmín, koriandr a kurkumu. Vařte, dokud semínka nezaprskají, asi 30 sekund.

c) Přidejte dýni, kořen zázvoru, sůl a vodu. Vařte 2 minuty a dobře promíchejte.

d) Zakryjte pánev a snižte teplotu na středně nízkou. Vařte 8 minut.

e) Přidejte citronovou šťávu a koriandr. Podávejte s roti nebo naanem, nebo udělejte jako já a podávejte na opečeném anglickém muffinu přelitém na tenké plátky nakrájené kroužky žluté nebo červené cibule.

50. Dětský lilek plněný kešu

SLOŽENÍ:

- ½ šálku (69 g) syrových kešu ořechů
- 20 dětských lilků
- 2 lžíce oleje, rozdělené
- 1 lžička semínek kmínu
- 1 lžička semínek koriandru
- 1 lžíce sezamových semínek
- ½ lžičky černého hořčičného semínka
- ½ lžičky fenyklových semínek
- ¼ lžičky semínek pískavice řecké seno
- 1 velká žlutá nebo červená cibule, oloupaná a nakrájená na kostičky
- 1 ks kořen zázvoru, oloupaný a nastrouhaný nebo nasekaný
- 4 stroužky česneku, oloupané a nahrubo nasekané
- 1–3 nakrájené thajské, serrano nebo kajenské chilli papričky
- 1 lžička prášku z kurkumy
- 1 lžička nastrouhaného jaggery (gur)
- 2 lžičky garam masala
- 1 lžíce hrubé mořské soli
- 1 čajová lžička červeného chilského prášku nebo cayenne
- 1 šálek (237 ml) vody, rozdělený
- 2 lžíce nasekaného čerstvého koriandru na ozdobu

INSTRUKCE:

a) Namočte kešu oříšky do vody, zatímco si připravte zbývající ingredience.

b) Do každého lilku vyřízněte zespodu 2 kolmé zářezy, postupujte směrem ke stonku a zastavte se, než lilek proříznete. Měly by zůstat neporušené. Po dokončení budete mít 4 části, které drží pohromadě zelený, dřevnatý stonek. Během přípravy zbývajících ingrediencí je vložte do misky s vodou. To pomůže lilky mírně otevřít, abyste je později mohli lépe nacpat.

c) V těžké pánvi rozehřejte 1 lžíci oleje na středně vysokou teplotu.

d) Přidejte kmín, koriandr, sezam, hořčici, fenykl a semena pískavice. Vařte, dokud semínka lehce nevyskočí, asi 30 sekund. Nevařte to – pískavice může zhořknout.

e) Přidejte cibuli, kořen zázvoru, česnek a chilli. Vařte, dokud cibule nezhnědne, asi 2 minuty.

f) Přidejte kurkumu, jaggery, garam masalu, sůl, prášek z červeného chilli a scezené kešu. Vařte další 2 minuty, dokud se dobře nesmíchá.

g) Tuto směs přendejte do kuchyňského robotu. Přidejte ½ šálku (119 ml) vody a zpracujte do hladka. Nepospíchej; možná budete muset zastavit a seškrábat po stranách.

h) Lilky jsou nyní připraveny k plnění! V jedné ruce držte lilek a vložte asi 1 polévkovou lžíci směsi do jádra lilku a zakryjte všechny strany.

i) Opatrně lilek uzavřete a umístěte jej do velké mísy, dokud nedokončíte plnění všech lilků.

j) Ve velké hluboké pánvi rozehřejte zbývající 1 lžíci oleje na středně vysokou teplotu. Přidejte lilky jemně, jeden po druhém. Přidejte zbylou masalu a zbývající ½ šálku vody a snižte teplotu na středně nízkou. Zakryjte pánev a vařte 20 minut za občasného míchání, dávejte pozor, aby lilky zůstaly neporušené.

k) Vypněte oheň a nechte lilky 5 minut odležet, aby se pořádně propekly a absorbovaly všechny chutě. Ozdobte koriandrem a podávejte s rýží nebo s roti nebo naanem.

51. Kořeněný špenát s "Paneer"

SLOŽENÍ:

- 2 lžíce oleje
- 1 lžíce semínek kmínu
- 1 lžička prášku z kurkumy
- 1 velká žlutá nebo červená cibule, oloupaná a nakrájená na kostičky
- 1 (2palcový [5cm]) kousek kořene zázvoru, oloupaný a nastrouhaný nebo nasekaný
- 6 stroužků česneku, oloupaných a nastrouhaných nebo nasekaných
- 2 velká rajčata, nakrájená
- 1–2 thajské, serrano nebo kajenské chilli papričky, nakrájené
- 2 lžíce rajčatového protlaku
- 1 šálek (237 ml) vody
- 1 lžíce mletého koriandru
- 1 lžíce garam masala
- 2 lžičky hrubé mořské soli
- 12 šálků (360 g) hustě nasekaného čerstvého špenátu
- 1 balení (14 uncí [397 g]) extra tuhé, organické tofu, pečené a nakrájené na kostky

INSTRUKCE:

a) V široké, těžké pánvi rozehřejte olej na středně vysokou teplotu.

b) Přidejte kmín a kurkumu a vařte, dokud semínka nezaprskají, asi 30 sekund.

c) Přidejte cibuli a vařte dohněda, asi 3 minuty, za mírného míchání, aby se nelepila.

d) Přidejte kořen zázvoru a česnek. Vařte 2 minuty.

e) Přidejte rajčata, chilli papričky, rajčatový protlak, vodu, koriandr, garam masalu a sůl. Snižte teplotu a vařte 5 minut.

f) Přidejte špenát. Možná to budete muset dělat v dávkách a přidávat další, jak vadne. Bude to vypadat, že máte příliš mnoho špenátu, ale nebojte se. Všechno se to uvaří. Věř mi!

g) Vařte 7 minut, dokud špenát nezvadne a nesvaří. Rozmixujte ponorným mixérem nebo v klasickém mixéru.

h) Přidejte tofu a vařte další 2 až 3 minuty. Podávejte s roti nebo naanem.

52.Zimní meloun na kari

SLOŽENÍ:
- 2 lžíce oleje
- ½ lžičky asafetida
- 1 lžička semínek kmínu
- ½ lžičky kurkumového prášku
- 1 střední zimní meloun, ponechaná slupka, nakrájený na kostičky
- 1 střední rajče, nakrájené na kostičky

INSTRUKCE:
a) V hluboké, těžké pánvi rozehřejte olej na středně vysokou teplotu.

b) Přidejte asafetidu, kmín a kurkumu a vařte, dokud semena nezaprskají, asi 30 sekund.

c) Přidejte zimní meloun. Vařte 3 minuty.

d) Přidejte rajče, snižte plamen na minimum a pánev částečně zakryjte. Vařte 15 minut.

e) Vypněte topení. Upravte víko tak, aby zcela zakrývalo pánev, a nechte pánev 10 minut sedět, aby se chutě zcela propojily.

53.Pískavice-Špenátové brambory

SLOŽENÍ:
- 2 lžíce oleje
- 1 lžička semínek kmínu
- 1 12-uncový balíček zmrazeného špenátu
- 1½ šálku sušených listů pískavice
- 1 velká brambora, oloupaná a nakrájená na kostičky
- 1 lžička hrubé mořské soli
- ½ lžičky kurkumového prášku
- ¼ lžičky červeného chilského prášku nebo kajenského pepře
- ¼ šálku (59 ml) vody

INSTRUKCE:
a) V těžké pánvi rozehřejte olej na středně vysokou teplotu.
b) Přidejte kmín a vařte, dokud semena nezaprskají, asi 30 sekund.
c) Přidejte špenát a snižte plamen na středně nízký. Zakryjte pánev a vařte 5 minut.
d) Přidejte listy pískavice řecké seno, jemně promíchejte, zakryjte a vařte dalších 5 minut.
e) Přidejte brambory, sůl, kurkumu, prášek z červeného chilli a vodu. Jemně promíchejte.
f) Nasaďte víko a vařte 10 minut.
g) Sundejte pánev z ohně a nechte ji sedět s poklicí dalších 5 minut. Podávejte s roti nebo naanem.

54. Praskající Okra

SLOŽENÍ:
- 2 lžíce oleje
- 1 lžička semínek kmínu
- 1 lžička prášku z kurkumy
- 1 velká žlutá nebo červená cibule, oloupaná a velmi nahrubo nakrájená
- 1 ks kořen zázvoru, oloupaný a nastrouhaný nebo nasekaný
- 3 stroužky česneku, oloupané a nasekané, nasekané nebo nastrouhané
- 2 libry okry, umyté, vysušené, oříznuté a nakrájené
- 1–2 thajské, serrano nebo kajenské chilli papričky, nakrájené
- ½ lžičky mangového prášku
- 1 čajová lžička červeného chilského prášku nebo cayenne
- 1 lžička garam masala
- 2 lžičky hrubé mořské soli

INSTRUKCE:
a) V hluboké, těžké pánvi rozehřejte olej na středně vysokou teplotu. Přidejte kmín a kurkumu. Vařte, dokud semena nezačnou prskat, asi 30 sekund.

b) Přidejte cibuli a vařte, dokud nezhnědne, 2 až 3 minuty. Toto je klíčový krok pro mou okra. Velké, mohutné kousky cibule by měly po celém povrchu zhnědnout a lehce zkaramelizovat. To bude vynikající základ pro konečné jídlo.

c) Přidejte kořen zázvoru a česnek. Vařte 1 minutu za občasného míchání.

d) Přidejte okra a vařte 2 minuty, dokud se okra nezbarví do jasně zelené barvy .

e) Přidejte chilli, mangový prášek, červený chilli prášek, garam masala a sůl. Vařte 2 minuty za občasného míchání.

f) Snižte teplotu na minimum a pánev částečně zakryjte. Vařte 7 minut za občasného míchání.

g) Vypněte teplo a nastavte víko tak, aby zcela zakrývalo hrnec. Nechte 3 až 5 minut odležet, aby se všechny chutě vstřebaly.

h) Ozdobte koriandrem a podávejte s hnědou nebo bílou rýží basmati, roti nebo naan.

SALÁTY A STRANY

55.Pikantní fazolový salát

SLOŽENÍ:

- 4 šálky vařených fazolí (nebo 2 konzervy [15 uncí] (426 g), scezené a opláchnuté)
- 1 střední brambor, uvařený a nakrájený na kostičky
- ½ střední červené cibule, oloupané a nakrájené na kostičky
- 1 střední rajče, nakrájené na kostičky
- 1 ks kořen zázvoru, oloupaný a nastrouhaný nebo nasekaný
- 2–3 zelené thajské, serrano nebo kajenské chilli papričky, nakrájené
- Šťáva z 1 citronu
- 1 lžička černé soli (kala namak)
- 1 lžička Chaat masala
- ½ lžičky hrubé mořské soli
- ½-1 čajová lžička červeného chilského prášku nebo kajenského pepře
- ¼ šálku (4 g) nasekaného čerstvého koriandru
- ¼ šálku (59 ml) Tamarind-Date Chutney

INSTRUKCE:

a) Ve velké míse smíchejte všechny ingredience kromě tamarindovo-datlového chutney.

b) Salát rozdělte do malých servírovacích misek a každou završte lžící tamarindovo-datlového chutney.

56.Mung klíčkový salát od maminky

SLOŽENÍ:

- 1 šálek (192 g) naklíčené celé zelené čočky (sabut moong)
- 1 zelená cibule, nakrájená
- 1 malé rajče, nakrájené (½ šálku [80 g])
- ½ malé červené nebo žluté papriky, nasekané (¼ šálku [38 g])
- 1 malá okurka, oloupaná a nakrájená
- 1 malá brambora, uvařená, oloupaná a nakrájená
- 1 ks kořen zázvoru, oloupaný a nastrouhaný nebo nasekaný
- 1–2 zelené thajské, serrano nebo kajenské chilli papričky, nakrájené
- ¼ šálku (4 g) nasekaného čerstvého koriandru
- Šťáva z ½ citronu nebo limetky
- ½ lžičky mořské soli
- ½ čajové lžičky červeného chilského prášku nebo kajenského pepře
- ½ lžičky oleje

INSTRUKCE:

a) Smíchejte všechny ingredience a dobře promíchejte. Podávejte jako přílohový salát nebo jako rychlou, zdravou svačinku s vysokým obsahem bílkovin.

b) Věci uvnitř pita s nakrájeným avokádem na rychlý oběd.

57. Salát z cizrny Popper Street

SLOŽENÍ:
- 4 šálky (948 ml) cizrnových poppers vařené s jakoukoli masalou
- 1 středně žlutá nebo červená cibule, oloupaná a nakrájená na kostičky
- 1 velké rajče, nakrájené na kostičky
- Šťáva ze 2 citronů
- ½ šálku (8 g) nasekaného čerstvého koriandru
- 2–4 nakrájené zelené thajské, serrano nebo kajenské chilli papričky
- 1 lžička hrubé mořské soli
- 1 lžička černé soli (kala namak)
- 1 čajová lžička červeného chilského prášku nebo cayenne
- 1 lžička Chaat masala
- ½ šálku (119 ml) mátového chutney
- ½ šálku (119 ml) Tamarind-Date Chutney
- 1 šálek (237 ml) sójového jogurtu Raita

INSTRUKCE:
a) V hluboké misce smíchejte cizrnu, cibuli, rajčata, citronovou šťávu, koriandr, chilli, mořskou sůl, černou sůl, červený chilli prášek a Chaat Masala.
b) Směs rozdělte do jednotlivých servírovacích misek.
c) Naplňte každou misku polévkovou lžící mátového a tamarind-datlového chutney a sójového jogurtu Raita. Ihned podávejte.

58.Pouliční kukuřičný salát

SLOŽENÍ:
- 4 klasy, oloupané a očištěné
- Šťáva z 1 středního citronu
- 1 lžička hrubé mořské soli
- 1 lžička černé soli (kala namak)
- 1 lžička Chaat masala
- 1 čajová lžička červeného chilského prášku nebo cayenne

INSTRUKCE:
a) Opečte kukuřici do mírného zuhelnatění.
b) Z kukuřice odstraňte jádra.
c) Kukuřičná zrna dejte do mísy a vmíchejte všechny ostatní ingredience. Ihned podávejte.

59. Křupavý mrkvový salát

SLOŽENÍ:

- ½ šálku (96 g) nalámané zelené čočky zbavené slupky
- 5 šálků (550 g) oloupané a nastrouhané mrkve
- 1 střední daikon, oloupaný a nastrouhaný
- ¼ šálku (40 g) syrových arašídů, nasucho pražených
- ¼ šálku (4 g) mletého čerstvého koriandru
- Šťáva z 1 středního citronu
- 2 lžičky hrubé mořské soli
- ½ čajové lžičky červeného chilského prášku nebo kajenského pepře
- 1 lžíce oleje
- 1 vrchovatá lžička semínek černé hořčice
- 6–7 kari listů, nakrájených nahrubo
- 1–2 zelené thajské, serrano nebo kajenské chilli papričky, nakrájené

INSTRUKCE:

a) Čočku namočte na 20 až 25 minut do vařené vody, dokud nebude al dente. Vypusťte.

b) Vložte mrkev a daikon do hluboké misky.

c) Přidejte okapanou čočku, arašídy, koriandr, citronovou šťávu, sůl a prášek z červeného chilli.

d) V mělké, těžké pánvi rozehřejte olej na středně vysoké teplotě.

e) Přidejte hořčičná semínka. Pánev přikryjte (aby nevyskočila a nepřipálila se) a vařte, dokud semínka nezaprskají, asi 30 sekund.

f) Opatrně přidejte kari listy a zelené chilli.

g) Touto směsí nalijte na salát a dobře promíchejte. Ihned podávejte, nebo před podáváním vychlaďte.

60. Granátové jablko Chaat

SLOŽENÍ:
- 2 velká granátová jablka, zbavená semínek (3 šálky [522 g])
- ½–1 lžička černé soli (kala namak)

INSTRUKCE:
a) Semínka smíchejte s černou solí.
b) Vychutnejte si ihned, nebo chlaďte až na týden.

61.Ovocný salát Masala

SLOŽENÍ:

- 1 středně zralý meloun, oloupaný a nakrájený na kostičky (7 šálků [1,09 kg])
- 3 střední banány, oloupané a nakrájené na plátky
- 1 šálek (100 g) hroznů bez pecek
- 2 střední hrušky, zbavené jádřinců a nakrájené na kostičky
- 2 malá jablka zbavená jádřinců a nakrájená na kostičky (1 šálek [300 g])
- Šťáva z 1 citronu nebo limetky
- ½ lžičky hrubé mořské soli
- ½ lžičky Chaat Masala
- ½ lžičky černé soli (kala namak)
- ½ čajové lžičky červeného chilského prášku nebo kajenského pepře

INSTRUKCE:

a) Ve velké míse jemně promíchejte všechny ingredience.

b) Ihned podávejte tradičním způsobem pouličního jídla v malých miskách s párátky.

62. Teplý severoindický salát

SLOŽENÍ:

- 1 lžíce oleje
- 1 lžička semínek kmínu
- ½ lžičky kurkumového prášku
- 1 středně žlutá nebo červená cibule, oloupaná a nakrájená
- 1 díl kořene zázvoru, oloupaný a nakrájený na tyčinky
- 2 stroužky česneku, oloupané a nastrouhané
- 1–2 zelené thajské, serrano nebo kajenské chilli
- 2 šálky (396 g) vařených celých fazolí nebo čočky
- 1 lžička hrubé mořské soli
- ½ čajové lžičky červeného chilského prášku nebo kajenského pepře
- ½ lžičky černé soli (kala namak)
- ¼ šálku (4 g) nasekaného čerstvého koriandru

INSTRUKCE:

a) V hluboké, těžké pánvi rozehřejte olej na středně vysokou teplotu.
b) Přidejte kmín a kurkumu. Vařte, dokud semínka nezaprskají, asi 30 sekund.
c) Přidejte cibuli, kořen zázvoru, česnek a chilli. Vařte do zhnědnutí, asi 2 minuty.
d) Přidejte fazole nebo čočku. Vařte další 2 minuty.
e) Přidejte mořskou sůl, chilský prášek, černou sůl a koriandr. Dobře promícháme a podáváme.

63. Studený indický pouliční salát

SLOŽENÍ:
- 4 šálky vařených celých fazolí nebo čočky
- 1 střední červená cibule, oloupaná a nakrájená na kostičky
- 1 střední rajče, nakrájené na kostičky
- 1 malá okurka, oloupaná a nakrájená na kostičky
- 1 střední daikon, oloupaný a nastrouhaný
- 1–2 zelené thajské, serrano nebo kajenské chilli papričky, nakrájené
- ¼ šálku (4 g) mletého čerstvého koriandru, mletého
- Šťáva z 1 velkého citronu
- 1 lžička hrubé mořské soli
- ½ lžičky černé soli (kala namak)
- ½ lžičky Chaat Masala
- ½ čajové lžičky červeného chilského prášku nebo kajenského pepře
- 1 lžička čerstvé bílé kurkumy, oloupané a nastrouhané (volitelně)

INSTRUKCE:
a) V hluboké míse smíchejte všechny ingredience.
b) Ihned podáváme jako přílohový salát nebo zabalené v listu salátu.

64. Pomerančový salát

SLOŽENÍ:
- 3 středně velké pomeranče, oloupané, zbavené semínek a nakrájené na kostičky (3 šálky [450 g])
- 1 malá žlutá nebo červená cibule, oloupaná a nasekaná
- 10–12 černých oliv Kalamata, vypeckovaných a nahrubo nasekaných
- ¼ šálku (4 g) nasekaného čerstvého koriandru
- Šťáva ze 2 středních limetek
- ½ lžičky hrubé mořské soli
- ½ lžičky černé soli (kala namak)
- ½ lžičky garam masala
- ½ lžičky mletého černého pepře
- ¼ lžičky červeného chilského prášku nebo kajenského pepře

INSTRUKCE:
a) Jemně promíchejte všechny ingredience.
b) Před podáváním dejte alespoň na 30 minut do lednice.

POLÉVKY

65. Severoindická rajčatová polévka

SLOŽENÍ:

- 2 lžičky oleje
- 1 vrchovatá lžička semínek kmínu
- ½ lžičky kurkumového prášku
- 4 střední rajčata, oloupaná a nahrubo nakrájená
- 1 ks kořen zázvoru, oloupaný a nastrouhaný nebo nasekaný
- 3 stroužky česneku, oloupané a nakrájené
- 1–2 zelené thajské, serrano nebo kajenské chilli papričky, nakrájené
- ¼ šálku (4 g) nasekaného čerstvého koriandru
- ½ čajové lžičky červeného chilského prášku nebo kajenského pepře
- 4 šálky (948 ml) vody
- 1 lžička hrubé mořské soli
- ½ lžičky mletého černého pepře
- Šťáva z ½ limetky
- 2 lžíce výživného droždí
- Krutony, na ozdobu

INSTRUKCE:

a) Ve velkém polévkovém hrnci rozehřejte olej na středně vysokou teplotu.

b) Přidejte kmín a kurkumu a vařte, dokud semínka nezaprskají, asi 30 sekund.

c) Přidejte rajčata, kořen zázvoru, česnek, chilli, koriandr, prášek z červeného chilli a vodu. Přivést k varu.

d) Snižte teplotu na středně nízkou teplotu a vařte asi 15 minut. Jakmile jsou rajčata měkká, zpracujte je ponorným mixérem do hladka.

e) Přidejte sůl, černý pepř, limetkovou šťávu a nutriční droždí, pokud používáte. Dobře promíchejte a podávejte horké, ozdobené krutony. Udělejte z toho mini jídlo přidáním lžíce vařené hnědé nebo bílé rýže basmati do každého šálku před podáváním.

66.Zázvorová polévka se sójovým mlékem

SLOŽENÍ:
- 2 šálky čistého neslazeného sójového mléka
- ¼ šálku (59 ml) Adarak Masala
- ½ lžičky hrubé mořské soli
- ½ čajové lžičky červeného chilského prášku nebo kajenského pepře
- 1–3 nakrájené zelené thajské, serrano nebo kajenské chilli papričky
- ½ šálku (119 ml) vody (volitelné)
- ¼ šálku (4 g) nasekaného čerstvého koriandru

INSTRUKCE:

a) V hrnci na středně vysokém ohni přiveďte sojové mléko k mírnému varu.

b) Přidejte Adarak Masala, sůl, červený chilli prášek, zelené chilli a vodu (pokud používáte).

c) Přiveďte k varu, přidejte koriandr a podávejte s hustými roti nebo naanem.

67.Seitan Mulligatawny polévka

SLOŽENÍ:
- 1 šálek (192 g) sušené červené štípané (hnědé) čočky (masoor dal), očištěné a umyté
- 8 šálků (1,90 l) vody
- 1 střední cibule, oloupaná a nahrubo nakrájená
- 2 střední rajčata, oloupaná a nahrubo nakrájená (1 vrchovatý šálek [160 g])
- 1 malá brambora, oloupaná a nakrájená na kostičky
- 1 lžíce celého černého pepře
- 1 lžička prášku z kurkumy
- 1 (8uncový [227-g]) balíček čistého seitanu, okapaný a nakrájený na malé kousky (2 šálky)
- 2 lžičky hrubé mořské soli
- 1 lžička mletého černého pepře
- 1 lžíce gramu (cizrnové) mouky (besan)
- 3 lžíce oleje
- 3 lžíce zázvorovo-česnekové pasty
- 2 lžičky mletého kmínu
- 2 lžičky mletého koriandru
- 1 čajová lžička červeného chilského prášku nebo cayenne
- Šťáva z 1 citronu

INSTRUKCE:
a) Čočku, vodu, cibuli, rajčata, brambory, kuličky pepře a kurkumu dejte do velkého těžkého polévkového hrnce. Přiveďte k varu na středně vysoké teplotě a poté snižte teplotu na mírný plamen.
b) Vařte částečně zakryté 20 minut.
c) Mezitím smíchejte seitan, sůl a mletý černý pepř.
d) Po uvaření polévku rozmixujte do hladka buď ponorným mixérem, běžným mixérem nebo výkonnějším mixérem. V případě potřeby promíchejte po dávkách.
e) Seitan lehce posypeme gramovou moukou.
f) V malé pánvi rozehřejte olej na středně vysokou teplotu.
g) Přidejte zázvorovo-česnekovou pastu a smažte 1 až 2 minuty. (Mějte po ruce víko; olej může vystříknout. Pokračujte v míchání a v případě potřeby snižte teplotu.)
h) Přidejte kmín, koriandr a prášek z červeného chilli a míchejte 1 minutu.

i) Přidejte seitanovou směs a vařte další 3 minuty, dokud lehce nezhnědne.
j) Tuto směs přidejte do polévky a přiveďte k varu.
k) Přidejte citronovou šťávu.
l) Podávejte horké, v miskách. Před přidáním polévky můžete také přidat lžíci vařené rýže do každé misky pro větší texturu.

68. Kořeněná zelená polévka

SLOŽENÍ:

- 2 lžíce oleje
- 1 lžička semínek kmínu
- 2 listy kasie
- 1 středně žlutá cibule, oloupaná a nahrubo nakrájená
- 1 ks kořen zázvoru, oloupaný a nastrouhaný nebo nasekaný
- 10 stroužků česneku, oloupaných a nahrubo nasekaných
- 1 malá brambora, oloupaná a nahrubo nakrájená
- 1–2 zelené thajské, serrano nebo kajenské chilli papričky, nakrájené
- 2 šálky (290 g) hrášku, čerstvého nebo mraženého
- 2 šálky (60 g) balené nakrájené zeleniny
- 6 šálků vody
- ½ šálku (8 g) nasekaného čerstvého koriandru
- 2 lžičky hrubé mořské soli
- ½ lžičky mletého koriandru
- ½ lžičky praženého mletého kmínu
- Šťáva z ½ citronu
- Krutony, na ozdobu

INSTRUKCE:

a) V hlubokém, těžkém polévkovém hrnci rozehřejte olej na středně vysokou teplotu.

b) Přidejte semínka kmínu a listy kasie a zahřívejte, dokud semínka nezaprskají, asi 30 sekund.

c) Přidejte cibuli, kořen zázvoru a česnek. Vařte další 2 minuty, občas promíchejte.

d) Přidejte brambory a vařte další 2 minuty.

e) Přidejte chilli, hrášek a zeleninu. Vařte 1 až 2 minuty, dokud zelí nezvadne.

f) Přidejte vodu. Přiveďte k varu, stáhněte plamen a 5 minut vařte bez pokličky.

g) Přidejte koriandr.

h) Kasii nebo bobkové listy vyjměte a rozmixujte ponorným mixérem.

i) Vraťte polévku do hrnce. Přidejte sůl, koriandr a mletý kmín. Vraťte polévku k varu. Přidejte citronovou šťávu.

69. Jihoindická polévka z rajčat a tamarindu

SLOŽENÍ:

- ½ šálku (96 g) sušeného loupaného a oloupaného holubího hrášku (toor dal), očištěného a omytého
- 4 střední rajčata, oloupaná a nahrubo nakrájená (4 šálky [640 g])
- 1 ks kořen zázvoru, oloupaný a nastrouhaný nebo nasekaný
- 2 lžičky hrubé mořské soli
- 1 lžička prášku z kurkumy
- 1 šálek (237 ml) tamarindové šťávy
- 2 lžíce rasamového prášku
- 7 šálků (1,66 l) vody
- 1 lžíce oleje
- 1 lžička semínek černé hořčice
- 1 lžička semínek kmínu
- 15–20 kari listů, nakrájených nahrubo
- 1 vrchovatá lžíce nasekaného čerstvého koriandru na ozdobu
- Měsíčky citronu, na ozdobu

INSTRUKCE:

a) Do pomalého hrnce dejte holubí hrášek, rajčata, kořen zázvoru, sůl, kurkumu, tamarindový džus, rasamový prášek a vodu. Vařte na nejvyšší stupeň 3½ hodiny.

b) Rozmixujte ponorným mixérem, v tradičním mixéru nebo ve výkonném mixéru.

c) Mezitím na sporáku udělejte temperaci (tarka). V pánvi rozehřejte olej na středně vysokou teplotu. Přidejte hořčici a kmín a vařte, dokud směs nezměkne, asi 30 sekund. Přidejte kari listy a vařte, dokud listy lehce nezhnědnou a nezačnou se kroutit. Pozor, občas promíchejte, aby se koření nepřipálilo. Po 1 až 2 minutách vložíme horkou směs do pomalého hrnce.

d) Polévku vařte dalších 30 minut a ihned podávejte, ozdobenou koriandrem a kolečkem citronu.

70. Kořeněná čočková polévka (Masoor Dal Soup)

SLOŽENÍ:
- 1 šálek červené čočky (masoor dal), omyté a namočené
- 1 cibule, nakrájená nadrobno
- 1 rajče, nakrájené
- 1 mrkev, nakrájená na kostičky
- 1 řapíkatý celer, nakrájený
- 2 stroužky česneku, mleté
- 1-palcový zázvor, strouhaný
- 1 lžička semínek kmínu
- 1 lžička prášku z kurkumy
- 1 lžička koriandrového prášku
- 1/2 lžičky červeného chilli prášku
- Sůl podle chuti
- 4 hrnky zeleninového nebo kuřecího vývaru
- Listy čerstvého koriandru na ozdobu

INSTRUKCE:
a) V hrnci rozehřejte olej a přidejte semínka kmínu. Jakmile se rozpráší, přidejte nakrájenou cibuli, česnek a zázvor.
b) Smažte, dokud cibule nezprůsvitní, poté přidejte nakrájená rajčata, kurkumu, koriandr a červené chilli.
c) Přidejte namočenou čočku, na kostičky nakrájenou mrkev, celer a sůl. Dobře promíchejte.
d) Zalijeme vývarem a polévku přivedeme k varu. Dusíme, dokud čočka a zelenina nezměknou.
e) Před podáváním ozdobte lístky čerstvého koriandru.

71. Rajčatová a kmínová polévka

SLOŽENÍ:
- 4 velká rajčata, nakrájená
- 1 cibule, nakrájená
- 2 stroužky česneku, mleté
- 1 lžička semínek kmínu
- 1/2 lžičky červeného chilli prášku
- 1/2 lžičky cukru
- Sůl podle chuti
- 4 šálky zeleninového vývaru
- Listy čerstvého koriandru na ozdobu

INSTRUKCE:
a) V hrnci rozehřejte olej a přidejte semínka kmínu. Jakmile se rozpráší, přidejte nakrájenou cibuli a česnek.
b) Smažte, dokud cibule nezezlátne, poté přidejte nakrájená rajčata, prášek z červeného chilli, cukr a sůl.
c) Vařte, dokud rajčata nejsou měkká a kašovitá.
d) Zalijeme zeleninovým vývarem a polévku přivedeme k varu.
e) Před podáváním ozdobte lístky čerstvého koriandru.

72. Kořeněná dýňová polévka

SLOŽENÍ:

- 2 šálky dýně, nakrájené na kostičky
- 1 cibule, nakrájená
- 2 stroužky česneku, mleté
- 1-palcový zázvor, strouhaný
- 1 lžička semínek kmínu
- 1/2 lžičky koriandrového prášku
- 1/2 lžičky skořice v prášku
- Špetka muškátového oříšku
- Sůl a pepř na dochucení
- 4 šálky zeleninového vývaru
- 1/2 šálku kokosového mléka
- Čerstvý koriandr na ozdobu

INSTRUKCE:

a) V hrnci rozehřejte olej a přidejte semínka kmínu. Jakmile se rozpráší, přidejte nakrájenou cibuli, česnek a zázvor.

b) Smažte, dokud cibule nezprůsvitní, poté přidejte nakrájenou dýni, koriandrový prášek, skořici, muškátový oříšek, sůl a pepř.

c) Vařte několik minut, poté zalijte zeleninovým vývarem a vařte, dokud dýně nezměkne.

d) Polévku rozmixujte dohladka, vraťte do hrnce a vmíchejte kokosové mléko.

e) Před podáváním ozdobte čerstvým koriandrem.

73.Pikantní rajčatový Rasam

SLOŽENÍ:
- 2 velká rajčata, nakrájená
- 1/2 šálku tamarindového extraktu
- 1 lžička hořčičných semínek
- 1 lžička semínek kmínu
- 1/2 lžičky černého pepře
- 1/2 lžičky kurkumového prášku
- 1/2 lžičky rasamového prášku
- Špetka asafoetidy (hing)
- Kari listy
- Listy koriandru na ozdobu
- Sůl podle chuti

INSTRUKCE:
a) V hrnci rozehřejeme olej a přidáme hořčičná semínka. Jakmile prskají, přidejte kmín, černý pepř a kari listy.
b) Přidejte nakrájená rajčata, kurkumu, rasamový prášek, asafoetidu a sůl. Vařte, dokud rajčata nezměknou.
c) Zalijte tamarindovým extraktem a rasam přiveďte k varu. Vařte několik minut.
d) Před podáváním ozdobte lístky koriandru.

74.Koriandrová a mátová polévka

SLOŽENÍ:

- 1 šálek čerstvých listů koriandru
- 1/2 šálku čerstvých lístků máty
- 1 cibule, nakrájená
- 2 stroužky česneku, mleté
- 1 lžička semínek kmínu
- 1/2 lžičky koriandrového prášku
- 1/2 lžičky černého pepře
- 4 šálky zeleninového vývaru
- Sůl podle chuti
- Klínky citronu k podávání

INSTRUKCE:

a) V hrnci rozehřejte olej a přidejte semínka kmínu. Jakmile se rozpráší, přidejte nakrájenou cibuli a česnek.
b) Opékejte, dokud cibule nezprůsvitní, poté přidejte lístky čerstvého koriandru, lístky máty, koriandrový prášek, černý pepř a sůl.
c) Vařte několik minut, poté zalijte zeleninovým vývarem a vařte, dokud bylinky nezměknou.
d) Polévku rozmixujte do hladka, vraťte do hrnce a v případě potřeby dochuťte.
e) Podávejte s citronovou šťávou.

KARI

75.Dýňové kari s pikantními semínky

SLOŽENÍ:
- 3 šálky dýně – nakrájené na 1-2 cm kousky
- 2 polévkové lžíce oleje
- ½ lžičky hořčičných semínek
- ½ lžičky semínek kmínu
- Špetka asafetida
- 5-6 kari listů
- ¼ polévkové lžíce semínek pískavice řecké seno
- 1/4 lžičky semínek fenyklu
- 1/2 lžíce strouhaného zázvoru
- 1 polévková lžíce tamarindové pasty
- 2 polévkové lžíce – suchý, mletý kokos
- 2 polévkové lžíce pražených mletých arašídů
- Sůl a hnědý cukr nebo jaggery podle chuti
- Čerstvé lístky koriandru

INSTRUKCE:
a) Rozehřejte olej a přidejte hořčičná semínka. Když prasknou, přidejte kmín, pískavici, asafetidu, zázvor, kari listy a fenykl. Vařte 30 sekund.

b) Přidejte dýni a sůl. Přidejte tamarindovou pastu nebo vodu s dužinou uvnitř. Přidejte jaggery nebo hnědý cukr. Přidejte mletý kokos a arašídový prášek. Vařte ještě pár minut. Přidejte čerstvý nasekaný koriandr.

76. Tamarind Fish Curry

SLOŽENÍ:
- 11/2 libry, síh, nakrájený na kousky
- 3/4 lžičky a 1/2 lžičky prášku z kurkumy
- 2 čajové lžičky tamarindové dužiny, namočené ve 1/4 šálku horké vody na 10 minut
- 3 lžíce rostlinného oleje
- 1/2 lžičky semínka černé hořčice
- 1/4 lžičky semínek pískavice řecké seno
- 8 čerstvých kari listů
- velká cibule, nasekaná
- Serrano zelené chilli papričky se semínky a mleté
- malá rajčata, nakrájená
- 2 sušené červené chilli papričky, nahrubo namleté
- 1 lžička semínek koriandru, nahrubo namletých
- 1/2 šálku neslazeného sušeného kokosu
- Stolní sůl, podle chuti
- 1 šálek vody

INSTRUKCE:
a) Vložte rybu do misky. Dobře rozetřete 3/4 lžičky kurkumy a nechte asi 10 minut stát. Opláchněte a osušte.
b) Tamarind sceďte a tekutinu dejte stranou. Zbytek zlikvidujte.
c) Ve velké pánvi rozehřejte rostlinný olej. Přidejte semínka hořčice a semínka pískavice. Když začnou prskat, přidejte kari listy, cibuli a zelené chilli. Smažte 7 až 8 minut, nebo dokud cibule dobře nezhnědne.
d) Přidejte rajčata a vařte dalších 8 minut nebo dokud se olej nezačne oddělovat od stěn směsi. Přidejte zbývající 1/2 lžičky kurkumy, červené chilli, semínka koriandru, kokos a sůl; dobře promíchejte a vařte dalších 30 sekund.
e) Přidejte vodu a přecezený tamarind; přivést k varu. Snižte teplotu a přidejte rybu. Vařte na mírném ohni 10 až 15 minut, nebo dokud není ryba zcela propečená. Podávejte horké.

77. Losos v kari s příchutí šafránu

SLOŽENÍ:

- 4 lžíce rostlinného oleje
- 1 velká cibule, nakrájená nadrobno
- lžička zázvorovo-česnekové pasty
- 1/2 lžičky červeného chilli prášku
- 1/4 lžičky kurkumového prášku
- lžičky koriandrového prášku
- Stolní sůl, podle chuti
- 1 libra lososa, vykostěná a
- krychlový
- 1/2 šálku bílého jogurtu, našlehaného
- 1 lžička pečeného šafránu

INSTRUKCE:

a) Ve velké nepřilnavé pánvi rozehřejte rostlinný olej. Přidejte cibuli a opékejte 3 až 4 minuty nebo dokud nebude průhledná. Přidejte zázvorovo-česnekovou pastu a restujte 1 minutu.

b) Přidejte prášek z červeného chilli, kurkumu, koriandr a sůl; dobře promíchejte. Přidejte lososa a restujte 3 až 4 minuty. Přidejte jogurt a snižte teplotu. Dusíme, dokud se losos neprovaří. Přidejte šafrán a dobře promíchejte. Vařte 1 minutu. Podávejte horké.

78.Okra kari

SLOŽENÍ:
- 250 g okry (dámský prst) – nakrájené na 1 cm kousky
- 2 lžíce strouhaného zázvoru
- 1 polévková lžíce hořčičných semínek
- 1/2 lžičky semínek kmínu
- 2 polévkové lžíce oleje
- Sůl podle chuti
- Špetka asafetida
- 2-3 polévkové lžíce praženého arašídového prášku
- Listy koriandru

INSTRUKCE:
a) Rozehřejte olej a přidejte hořčičná semínka. Když prasknou, přidejte kmín, asafetidu a zázvor. Vařte 30 sekund.
b) Přidejte okra a sůl a míchejte, dokud se neuvaří. Přidejte arašídový prášek, vařte dalších 30 sekund.
c) Podávejte s lístky koriandru.

79.Zeleninové Kokosové Kari

SLOŽENÍ:

- 2 středně velké brambory, nakrájené na kostičky
- 1 1/2 šálku květáku – nakrájíme na růžičky
- 3 rajčata nakrájená na velké kousky
- 1 polévková lžíce oleje
- 1 polévková lžíce hořčičných semínek
- 1 polévková lžíce semínek kmínu
- 5-6 kari listů
- Špetka kurkumy – volitelné
- 1 polévková lžíce strouhaného zázvoru
- Čerstvé lístky koriandru
- Sůl podle chuti
- Čerstvý nebo sušený kokos – strouhaný

INSTRUKCE:

a) Rozehřejte olej a poté přidejte hořčičná semínka. Když prasknou, přidejte zbývající koření a vařte 30 sekund.

b) Přidejte květák, rajče a brambory plus trochu vody, přikryjte a vařte za občasného míchání, dokud se neuvaří. Mělo by zůstat trochu tekutiny. Pokud chcete suché kari, pak smažte pár minut, dokud se voda neodpaří.

c) Přidejte kokos, sůl a lístky koriandru.

80. Základní zeleninové kari

SLOŽENÍ:

- 250 g zeleniny – nakrájené
- 1 lžička oleje
- ½ lžičky hořčičného semínka
- ½ lžičky semínek kmínu
- Špetka asafetida
- 4-5 kari listů
- ¼ lžičky kurkumy
- ½ lžičky koriandrového prášku
- Špetka chilli prášku
- Strouhaný zázvor
- Čerstvé lístky koriandru
- Cukr / jaggery a sůl podle chuti
- Čerstvý nebo sušený kokos

INSTRUKCE:

a) Zeleninu nakrájejte na malé kousky (1-2 cm) v závislosti na zelenině.

b) Rozehřejte olej a poté přidejte hořčičná semínka. Když prasknou, přidejte kmín, zázvor a zbývající koření.

c) Přidejte zeleninu a vařte. V tuto chvíli možná budete chtít smažit zeleninu, dokud není uvařená, nebo přidat trochu vody, přikrýt hrnec a dusit.

d) Když je zelenina uvařená, přidejte cukr, sůl, kokos a koriandr.

81. Kapustové kari

SLOŽENÍ:
- 3 hrnky zelí – nakrájené
- 1 lžička oleje
- 1 lžička hořčičných semínek
- 1 lžička semínek kmínu
- 4-5 kari listů
- Špetka kurkumy r volitelná
- 1 lžička strouhaného zázvoru
- Čerstvé lístky koriandru
- Sůl pro chuť
- Volitelné – ½ šálku zeleného hrášku

INSTRUKCE:
a) Rozehřejte olej a poté přidejte hořčičná semínka. Když prasknou, přidejte zbývající koření a vařte 30 sekund.

b) Přidejte zelí a další zeleninu, pokud používáte, za občasného míchání, dokud se důkladně neuvaří. V případě potřeby lze přidat vodu.

c) Podle chuti dosolíme a přidáme lístky koriandru.

82. Karfiolové kari

SLOŽENÍ:
- 3 šálky květáku – nakrájíme na růžičky
- 2 rajčata – nakrájená
- 1 lžička oleje
- 1 lžička hořčičných semínek
- 1 lžička semínek kmínu
- Špetka kurkumy
- 1 lžička strouhaného zázvoru
- Čerstvé lístky koriandru
- Sůl podle chuti
- Čerstvý nebo sušený kokos – strouhaný

INSTRUKCE:
a) Rozehřejte olej a poté přidejte hořčičná semínka. Když prasknou, přidejte zbývající koření a vařte 30 sekund. Pokud používáte, přidejte v tomto okamžiku rajčata a vařte 5 minut.

b) Přidejte květák a trochu vody, přikryjte a vařte za občasného míchání, dokud se důkladně neuvaří. Pokud chcete sušší kari, pak v posledních minutách sundejte poklici a smažte. Na posledních pár minut přidejte kokos.

83. Karfiolové a bramborové kari

SLOŽENÍ:
- 2 šálky květáku – nakrájíme na růžičky
- 2 středně velké brambory, nakrájené na kostičky
- 1 lžička oleje
- 1 lžička hořčičných semínek
- 1 lžička semínek kmínu
- 5-6 kari listů
- Špetka kurkumy – volitelné
- 1 lžička strouhaného zázvoru
- Čerstvé lístky koriandru
- Sůl podle chuti
- Čerstvý nebo sušený kokos – strouhaný
- Citronová šťáva - podle chuti

INSTRUKCE:
a) Rozehřejte olej a poté přidejte hořčičná semínka. Když prasknou, přidejte zbývající koření a vařte 30 sekund.
b) Přidejte květák a brambory s trochou vody, přikryjte a vařte za občasného míchání, dokud nejsou téměř uvařené.
c) Sundejte poklici a opékejte, dokud se zelenina neuvaří a voda se neodpaří.
d) Přidejte kokos, sůl, lístky koriandru a citronovou šťávu.

84. Míchané zeleninové a čočkové kari

SLOŽENÍ:
- ¼ šálku toor nebo mung dal
- ½ šálku zeleniny – nakrájené na plátky
- 1 šálek vody
- 2 lžičky oleje
- ½ lžičky semínek kmínu
- ½ lžičky strouhaného zázvoru
- 5-6 kari listů
- 2 rajčata – nakrájená
- Citron nebo tamarind podle chuti
- Jaggery podle chuti
- ½ soli nebo podle chuti
- Sambhar masala
- Listy koriandru
- Čerstvý nebo sušený kokos

INSTRUKCE:
a) Toor dal a zeleninu vařte společně v tlakovém hrnci 15–20 minut (1 hvizd) nebo v hrnci.
b) V samostatné pánvi rozehřejte olej a přidejte kmín, zázvor a kari listy. Přidejte rajčata a vařte 3–4 minuty.
c) Přidejte směs sambhar masala a směs zeleniny dal.
d) Minutu společně povařte a poté přidejte tamarind nebo citron, jaggery a sůl. Vařte ještě 2–3 minuty. Ozdobte kokosem a koriandrem

85. Bramborové, květákové a rajčatové kari

SLOŽENÍ:

- 2 středně velké brambory, nakrájené na kostičky
- 1 1/2 šálku květáku, nakrájeného na růžičky
- 3 rajčata nakrájená na velké kousky
- 1 lžička oleje
- 1 lžička hořčičných semínek
- 1 lžička semínek kmínu
- 5-6 kari listů
- Špetka kurkumy – volitelné
- 1 lžička strouhaného zázvoru
- Čerstvé lístky koriandru
- Čerstvý nebo sušený kokos – strouhaný

INSTRUKCE:

a) Rozehřejte olej a poté přidejte hořčičná semínka. Když prasknou, přidejte zbývající koření a vařte 30 sekund.

b) Přidejte květák, rajče a brambory plus trochu vody, přikryjte a vařte za občasného míchání, dokud se neuvaří. Přidejte kokos, sůl a lístky koriandru.

86. Dýňové kari

SLOŽENÍ:

- 3 šálky dýně – nakrájené na 1-2 cm kousky
- 2 lžičky oleje
- ½ lžičky hořčičného semínka
- ½ lžičky semínek kmínu
- Špetka asafetida
- 5-6 kari listů
- ¼ lžičky semínek pískavice řecké seno
- 1/4 lžičky fenyklových semínek
- 1/2 lžičky strouhaného zázvoru
- 1 lžička tamarindové pasty
- 2 polévkové lžíce – suchý, mletý kokos
- 2 polévkové lžíce pražených mletých arašídů
- Sůl a hnědý cukr nebo jaggery podle chuti
- Čerstvé lístky koriandru

INSTRUKCE:

a) Rozehřejte olej a přidejte hořčičná semínka. Když prasknou, přidejte kmín, pískavici, asafetidu, zázvor, kari listy a fenykl. Vařte 30 sekund.
b) Přidejte dýni a sůl.
c) Přidejte tamarindovou pastu nebo vodu s dužinou uvnitř. Přidejte jaggery nebo hnědý cukr.
d) Přidejte mletý kokos a arašídový prášek. Vařte ještě pár minut.
e) Přidejte čerstvý nasekaný koriandr.

87.Smažte zeleninu

SLOŽENÍ:

- 3 šálky nakrájené zeleniny
- 2 lžičky strouhaného zázvoru
- 1 lžička oleje
- ¼ lžičky asafetida
- 1 polévková lžíce sójové omáčky
- Čerstvé bylinky

INSTRUKCE:

a) Na pánvi rozehřejte olej. Přidejte asafetidu a zázvor. Smažte 30 sekund.

b) Přidejte zeleninu, která se musí vařit nejdéle, jako jsou brambory a mrkev. Smažte minutu a poté přidejte trochu vody, přikryjte a vařte do poloviny.

c) Přidejte zbývající zeleninu, jako jsou rajčata, kukuřice a zelený pepř. Přidejte sójovou omáčku, cukr a sůl. Přikryjeme a dusíme téměř do uvaření.

d) Odstraňte víko a smažte ještě několik minut.

e) Přidejte čerstvé bylinky a nechte pár minut, aby se bylinky spojily se zeleninou.

88. Rajčatové kari

SLOŽENÍ:

- 250 g rajčat – nakrájených na kousky o délce jednoho palce
- 1 lžička oleje
- ½ lžičky hořčičného semínka
- ½ lžičky semínek kmínu
- 4-5 kari listů
- Špetka kurkumy
- Špetka asafetida
- 1 lžička strouhaného zázvoru
- 1 brambor – uvařený a rozmačkaný – volitelné – na zahuštění
- 1 až 2 polévkové lžíce praženého arašídového prášku
- 1 polévková lžíce sušeného kokosu – volitelné
- Cukr a sůl podle chuti
- Listy koriandru

INSTRUKCE:

a) Rozehřejte olej a přidejte hořčičná semínka. Když prasknou, přidejte kmín, kari listy, kurkumu, asafetidu a zázvor. Vařte 30 sekund.

b) Přidejte rajčata a pokračujte v občasném míchání, dokud se neuvaří. Pro tekutější kari lze přidat vodu.

c) Přidejte pražený arašídový prášek, cukr, sůl a kokos, pokud používáte, plus bramborovou kaši. Vařte další minutu. Podávejte s lístky čerstvého koriandru.

89. Bílá tykev kari

SLOŽENÍ:

- 250 g ra ms' bílé tykve
- 1 lžička oleje
- ½ lžičky hořčičného semínka
- ½ lžičky semínek kmínu
- 4-5 kari listů
- Špetka kurkumy
- Špetka asafetida
- 1 lžička strouhaného zázvoru
- 1 až 2 polévkové lžíce praženého arašídového prášku
- Hnědý cukr a sůl podle chuti

INSTRUKCE:

a) Rozehřejte olej a přidejte hořčičná semínka. Když prasknou, přidejte kmín, kari listy, kurkumu, asafetidu a zázvor. Vařte 30 sekund.

b) Přidejte bílou dýni, trochu vody, přikryjte a vařte za občasného míchání, dokud se neuvaří.

c) Přidejte pražený arašídový prášek, cukr a sůl a vařte další minutu.

DEZERT

90.Chai Latte Cupcakes

SLOŽENÍ:
PRO SMĚS KOŘENÍ CHAI:
- 2 a ½ lžičky mleté skořice
- 1 a ¼ lžičky mletého zázvoru
- 1 a ¼ lžičky mletého kardamomu
- ½ lžičky mletého nového koření

NA KOŠÍČKY:
- 1 sáček čaje chai
- ½ šálku (120 ml) plnotučného mléka při pokojové teplotě
- 1 a ¾ šálku (207 g) koláčové mouky (lžící a zarovnané)
- 3 a ½ lžičky směsi koření chai (výše)
- ¾ lžičky prášku do pečiva
- ¼ lžičky jedlé sody
- ¼ lžičky soli
- ½ šálku nesoleného másla, změkčeného
- 1 šálek krystalového cukru
- 3 velké bílky, pokojové teploty
- 2 lžičky čistého vanilkového extraktu
- ½ šálku zakysané smetany nebo bílého jogurtu při pokojové teplotě

NA CHAI KOŘENOVÝ MÁSELNÝ KRÉM:
- 1 a ½ šálku nesoleného másla, změkčeného
- 5,5 – 6 šálků cukrářského cukru
- 2 čajové lžičky směsi koření chai, rozdělené
- ¼ šálku husté smetany
- 2 lžičky čistého vanilkového extraktu
- Špetka soli

VOLITELNÉ PRO OBLOŽENÍ:
- Tyčinky skořice

INSTRUKCE:
PŘIPRAVTE SMĚS KOŘENÍ CHAI:
a) Smíchejte všechna chai koření a vytvořte směs koření. Na těsto na košíčky, máslový krém a ozdobu budete potřebovat celkem 5 a ½ lžičky.

b) Zahřejte mléko, dokud nebude horké (ale ne vroucí), poté jej nalijte na sáček čaje chai. Nechte louhovat 20-30 minut. Před použitím v těstíčku na cupcaky se ujistěte, že má chai mléko pokojovou teplotu. To lze připravit den předem a vychladit.

c) Předehřejte troubu na 350 °F (177 °C) a vyložte formu na muffiny vložkami na košíčky. Připravte si druhou pánev se 2-3 vložkami podle tohoto receptu

UDĚLEJTE CUPCAKES:

d) V samostatné misce smíchejte mouku na koláč, 3 a ½ lžičky směsi koření chai, prášek do pečiva, jedlou sodu a sůl. Tuto suchou směs dejte stranou.
e) Ručním nebo stojatým mixérem ušlehejte máslo a krystalový cukr do hladka a krému (asi 2 minuty). Podle potřeby oškrábejte stěny mísy. Přidejte bílky a pokračujte v šlehání, dokud se nespojí (asi 2 minuty). Vmícháme zakysanou smetanu a vanilkový extrakt.
f) Na nízkou rychlost postupně přidávejte suché přísady do mokré směsi. Míchejte, dokud se nezapracuje. Poté, s mixérem stále na nízké úrovni, pomalu přilévejte chai mléko a míchejte, dokud se nespojí. Vyhněte se nadměrnému míchání; těsto by mělo být mírně husté a aromatické.
g) Těsto rozdělte na košíčky, každou naplňte asi do ⅔.
h) Pečte 20–22 minut, nebo dokud párátko zapíchnuté do středu nevyjde čisté.
i) U mini cupcaků pečte asi 11-13 minut při stejné teplotě trouby. Před polevou nechte košíčky úplně vychladnout.
j) Připravte máslový krém s kořením Chai: Pomocí ručního nebo stojanového mixéru s lopatkovým nástavcem šlehejte změklé máslo při střední rychlosti, dokud nebude krémové (asi 2 minuty). Přidejte 5½ šálků (660 g) cukrářského cukru, hustou smetanu, 1¾ lžičky směsi koření chai, vanilkový extrakt a špetku soli.
k) Začněte na nízké rychlosti po dobu 30 sekund, poté zvyšte na vysokou rychlost a šlehejte 2 minuty. Pokud se poleva zdá sražená nebo mastná, přidejte více cukrářského cukru, abyste dosáhli hladké konzistence.
l) V případě potřeby můžete přidat až ½ šálku cukrářského cukru. Pokud je poleva příliš hustá, přidejte lžíci smetany. Ochutnejte a pokud je poleva příliš sladká, dosolte.
m) Vychladlé cupcakes zmrazte a ozdobte dle libosti. Použijte nástavec Wilton 8B, přidejte tyčinky skořice na ozdobu a posypte směsí zbývající směsi koření chai a špetkou krystalového cukru.
n) Veškeré zbytky uchovávejte v lednici po dobu až 5 dnů.
o) Užijte si své domácí chai latte cupcaky!

91. Masala Panna Cotta

SLOŽENÍ:
- ¼ šálku mléka
- 1 lžíce čajových lístků
- 1 tyčinka skořice
- 2 hřebíčky kardamomu
- ½ lžičky muškátového oříšku
- 2 šálky čerstvé smetany
- ⅓ šálku cukru
- Špetka černého pepře
- 1 lžička vanilkového extraktu
- 1 lžička želatiny
- 3 lžíce studené vody

INSTRUKCE:
a) Začněte tím, že namažete vnitřky čtyř šestiuncových ramekinů trochou oleje. Otřete je, abyste odstranili přebytečný olej.
b) V hrnci smíchejte mléko, čajové lístky, skořici, kardamom a muškátový oříšek. Přiveďte k varu, poté snižte plamen a nechte 2–3 minuty vařit.
c) Do hrnce přidejte smetanu, cukr a špetku černého pepře. Šlehejte na mírném ohni, dokud se cukr úplně nerozpustí. Vmícháme vanilkový extrakt.
d) Zatímco se směs vaří, rozkvete želatinu přidáním do studené vody. Jakmile plně rozkvete, zapracujte ji do směsi panna cotty, aby se dobře spojila.
e) Směs preceďte pomocí sítka a gázoviny, abyste odstranili případné zbývající usazeniny. Tuto hladkou směs rozdělte na připravené ramekiny a nechte je vychladnout na pokojovou teplotu. Poté je dejte do chladničky minimálně na 3 hodiny, ale mohou být v chladničce až jeden den.
f) Chcete-li panna cottu odformovat, jemně přejeďte nožem po okrajích každého ramekinu. Poté ramekiny krátce ponořte do teplé vody asi na 3–4 sekundy. Nechte je ještě 5 sekund odležet a poté je překlopte na talíř. Jemným poklepáním pomůžete uvolnit panna cottu.
g) Užijte si svou vynikající Masala Chai Panna Cotta!

92. Masala rýžový pudink

SLOŽENÍ:
NA RÝŽI:
- 1 ½ šálku vody
- 1 (3-palcová) tyčinka skořice
- 1 celý badyán
- 1 šálek jasmínové rýže

NA PUDING:
- 1 ¼ lžičky mleté skořice a další na ozdobu
- 1 lžička mletého zázvoru
- ¾ lžičky mletého kardamomu
- ½ lžičky košer soli
- Špetka mletého černého pepře
- 1 lžička vanilkového extraktu
- 3 (13 ½ unce) plechovky neslazeného kokosového mléka, rozdělené
- 1 šálek baleného hnědého cukru
- Opékané kokosové vločky, volitelná obloha

INSTRUKCE:
a) Ve čtyřlitrovém hrnci smíchejte vodu, tyčinku skořice a badyán a přiveďte vodu k varu na středně vysokou teplotu. Přidejte rýži a snižte teplotu na minimum. Hrnec přikryjte a vařte v páře, dokud už nebude křupavý, asi 15 minut.

b) V malé misce smíchejte koření. Přidejte vanilkový extrakt a ¼ šálku kokosového mléka do koření a prošlehejte, abyste vytvořili hladkou pastu. To zabrání tomu, aby se koření shlukovalo, když je přidáte do dušené rýže.

c) Jakmile se rýže uvaří, přidejte do hrnce 4 šálky kokosového mléka a kořenící pastu. Oškrábejte dno hrnce, abyste uvolnili případnou přilepenou rýži.

d) Směs přiveďte na mírném ohni odkryté a vařte bez míchání 15 minut. Na povrchu rýžového nákypu by se měly vytvářet malé bublinky; pokud velké, rychle se pohybující bubliny narušují povrch mléka, snižte teplotu. Nemíchejte, protože nechcete, aby se rýže rozpadla. Na povrchu se vytvoří slupka, ale to je dobře!

e) Po 15 minutách přidejte hnědý cukr a zamíchejte pudink (přimíchejte i případnou slupku, která se vytvoří). Když oškrábete dno hrnce, bude to znít jako šustění papíru. Vařte dalších 20 minut za častého míchání nebo dokud pudink nezhoustne do konzistence majonézy.

f) Z pudingu vyjměte tyčinku skořice a badyán a vyhoďte. Pudink přendejte do mělké misky (jako je koláčový talíř nebo kastrol) a nechejte odkryté v chladu chladit, alespoň 3 hodiny nebo až přes noc.
g) Těsně před podáváním vmícháme zbylé kokosové mléko. Pudink nandáme do jednotlivých misek a ozdobíme posypem mleté skořice a opraženými kokosovými lupínky.
h) Případné zbytky skladujte v zakryté nádobě v lednici po dobu až 3 dnů.

93.Chai zmrzlina

SLOŽENÍ:
- 2 hvězdičky badyánu
- 10 celých hřebíčků
- 10 celého nového koření
- 2 tyčinky skořice
- 10 kuliček celého bílého pepře
- 4 lusky kardamomu, otevřené na semena
- ¼ šálku plného černého čaje (ceylonská nebo anglická snídaně)
- 1 šálek mléka
- 2 šálky husté smetany (rozdělená, 1 šálek a 1 šálek)
- ¾ šálku cukru
- Špetka soli
- 6 žloutků (viz jak oddělit vejce)

INSTRUKCE:
a) Do těžkého hrnce dejte 1 hrnek mléka, 1 hrnek smetany a chai koření – badyán, hřebíček, nové koření, tyčinky skořice, zrnka bílého pepře a lusky kardamomu a špetku soli.
b) Směs zahřejte, dokud se nezapaří (ne vaří) a bude horká na dotek. Snižte teplotu, aby se zahřála, přikryjte a nechte stát 1 hodinu.
c) Směs znovu zahřejte, dokud nebude páře horká (opět ne vroucí), přidejte lístky černého čaje, stáhněte z ohně, vmíchejte čaj a nechte 15 minut louhovat.
d) Pomocí jemného síta sceďte čaj a koření a nalijte směs vyluhované mléčné smetany do samostatné misky.
e) Vraťte směs mléka a smetany do hrnce se silným dnem. Do směsi mléka a smetany přidejte cukr a za míchání zahřívejte, dokud se cukr úplně nerozpustí.
f) Zatímco se čaj v předchozím kroku louhuje, připravte si zbývající 1 šálek smetany na ledové lázni.
g) Nalijte smetanu do středně velké kovové misky a vložte ji do ledové vody (se spoustou ledu) přes větší misku. Na vrch misek nasaďte síto. Dát stranou.
h) Ve středně velké míse ušlehejte žloutky. Ohřátou mléčnou smetanovou směs pomalu přilévejte do žloutků za stálého

šlehání, aby se žloutky teplou směsí temperovaly, ale nevařily. Ohřáté žloutky seškrábněte zpět do hrnce.

i) Vraťte kastrol na sporák, směs za stálého míchání na středním plameni vařečkou škrábejte na dno, dokud směs nezhoustne a nepotáhne lžíci, abyste mohli přejet prstem po potahu a potah nestékal. To může trvat asi 10 minut.

j) Jakmile k tomu dojde, směs by měla být okamžitě odstraněna z tepla a přelita přes síto přes ledovou lázeň, aby se vaření v dalším kroku zastavilo.

94. Tvarohový koláč Masala

SLOŽENÍ:
SMĚS KOŘENÍ CHAI
- 1 lžička mletého zázvoru
- 1 lžička mleté skořice
- ½ čajové lžičky mletého hřebíčku, muškátového oříšku a kardamomu

KŮRA
- 7 uncí Biscoff/Speculoos sušenky, jemně drcené
- 1 unce másla, rozpuštěného
- 1 ½ čajové lžičky směsi koření Chai

NÁPLŇ CHEESECAKE
- 16 uncí smetanového sýra, změkčeného
- ½ šálku vrchovatého granulovaného cukru
- 2 unce zakysané smetany
- 1 unce těžkého krému
- 1 vanilkový lusk, škrábaný
- 2 čajové lžičky směsi koření Chai
- 2 velká vejce při pokojové teplotě

POLEVA
- 8 uncí těžké smetany ke šlehání
- 1 lžička vanilkového extraktu
- 2 polévkové lžíce moučkového cukru
- 2 čajové lžičky sušeného mléka

INSTRUKCE:
SMĚS KOŘENÍ CHAI
a) Předehřejte troubu na 350 F a namažte 8palcovou pružinovou formu nebo 8palcovou pánev s odnímatelným dnem. Dejte to stranou.
b) V malé misce smíchejte mletý zázvor, skořici, hřebíček, muškátový oříšek a kardamom. Šlehejte, dokud se dobře nespojí. Dát stranou.

KŮRA
c) V kuchyňském robotu přidejte sušenky Biscoff a pulzujte, dokud z nich nevzniknou jemné drobky.

d) Do velké mísy přidejte drobky, 1 ½ lžičky Chai koření a rozpuštěné máslo. Promíchejte, aby se spojily.

e) Směs rovnoměrně vytlačte po stranách a dně pánve. Pečte 10 minut v troubě.

TVAROHOVÝ KOLÁČ

f) Do mísy elektrického mixéru vybaveného lopatkovým nástavcem přidejte smetanový sýr. Šlehejte minutu.
g) Přidejte cukr, zakysanou smetanu, smetanu, vanilkové lusky a 2 lžičky Chai koření. Míchejte, dokud se nespojí.
h) Jakmile se spojí, přidejte vejce jedno po druhém, dokud se nespojí. Vyvarujte se přemísení, abyste předešli prasklinám.
i) Nalijte tvarohovou směs do předpečené kůry.
j) Umístěte pánev do 10palcové kulaté pánve nebo zabalte silnou vrstvu fólie kolem a nahoru po stranách pánve (to zabrání vniknutí vody dovnitř pánve).
k) Vložte pánve do pekáče a nalijte do pekáče vodu, dokud nebude do poloviny po stranách formiček na cheesecake. Dávejte pozor, aby se dovnitř cheesecake nedostala voda.
l) Pečte 60–70 minut, nebo dokud se nezachvěje pouze střed cheesecaku.
m) Po upečení troubu vypněte a nechte cheesecake v troubě 1 hodinu chladnout. Poté ochlaďte na pult další hodinu a chlaďte alespoň 8 hodin. Nejlepší je přes noc.

POLEVA

n) V míse elektrického mixéru s nástavcem na šlehání ušlehejte tuhou smetanu, vanilkový extrakt, moučkový cukr a sušené mléko, dokud nevzniknou tuhé vrcholy.
o) Do sáčku s hvězdicovou špičkou přidejte šlehačku a napijte ji na vychlazený cheesecake.
p) Na tvarohový koláč a šlehačku posypte zbývajícím Chai kořením.
q) Uchovávejte v lednici.

95. Masala Chai Tiramisu

SLOŽENÍ:
PRO MASALA CHAI:
- 1 šálek půl a půl nebo plnotučného mléka
- ¼ šálku husté smetany
- ½ palce čerstvého zázvoru, nahrubo rozdrceného v hmoždíři
- 1,5 lžíce sypaného černého čaje nebo 3 sáčky černého čaje
- 1 lžička chai masala
- 2 lžíce cukru

NA ŠLEHAČKU MASCARPONE:
- 8 uncí sýra mascarpone při pokojové teplotě
- 1,5 hrnku husté smetany
- ½ šálku krystalového cukru (může jít až na ⅓ šálku)
- 1,5 lžičky chai masala
- 20 berušek

PRO CHAI MASALA:
- 8 lusků zeleného kardamomu
- 2 hřebíčky
- Špetka anýzového prášku
- ¼ lžičky muškátového oříšku, čerstvě nastrouhaného
- ¼ lžičky prášku černého pepře
- ½ lžičky mleté skořice

INSTRUKCE:
UDĚLEJTE CHAI MASALA:
a) Otevřete lusky kardamomu a jemně rozdrťte semínka spolu s hřebíčkem v hmoždíři nebo použijte speciální mlýnek na koření/kávu.
b) V malé misce smíchejte práškový kardamom a hřebíček s anýzem, muškátovým oříškem, práškem z černého pepře a mletou skořicí. Vaše chai masala je připravena.

UDĚLEJTE MASALA CHAI:
c) V malém hrnci smíchejte půl na půl a hustou smetanu. Umístěte na sporák. Jakmile na stěnách hrnce uvidíte bublinky, přidejte zázvor, chai masalu, lístky černého čaje a cukr.
d) Necháme přejít varem a poté stáhneme plamen na nízký až střední stupeň. Nechte chai louhovat 5-8 minut. Dávejte pozor, abyste se nespálili.
e) Jakmile je chai uvařený a hustý a má intenzivní hnědou barvu, sceďte jej pomocí čajového sítka do velkého šálku a nechte vychladnout.

f) Jak chai chladne, vytvoří se film, což je přirozené, takže jej znovu sceďte do malé misky.

UDĚLEJTE ŠLEHANÉ MASCARPONE:

g) Přidejte změklé mascarpone spolu s chai masalou a 2-3 lžícemi husté smetany. Šlehejte na středním stupni pomocí stojanového mixéru nebo ručního mixéru po dobu 30–45 sekund, dokud nebude lehce nadýchaná.

h) Přidejte zbytek husté smetany do mísy a šlehejte, dokud neuvidíte měkké vrcholy. Pomalu přidávejte cukr a pokračujte v šlehání, dokud neuvidíte tuhé vrcholy.

SESTAVTE TIRAMISU:

i) Ponořte berušky do masala chai maximálně na 3 sekundy (jinak se rozmočí). Navrstvěte je do jedné vrstvy na dno pánve 8x8. Vyhněte se příliš těsnému balení berušek.

j) Na berušky přidáme polovinu našlehané směsi mascarpone. Pomocí špachtle ji vyhlaďte.

k) Opakujte s další vrstvou sluníček namočených v chai. Navrch dejte zbylou směs mascarpone a pomocí stěrky uhlaďte.

l) Pánev zakryjte potravinářskou fólií a dejte do chladničky alespoň na 6 hodin (nejlépe přes noc).

m) Před podáváním poprašte trochou chai masaly.

96. Chai Spice Apple Crisp

SLOŽENÍ:
NA JABLKOVOU NÁPLŇ CHAI SPICE:
- 10 středně velkých jablek, oloupaných a nakrájených na ¼" plátky
- 2 lžičky čerstvé citronové šťávy
- 2 lžíce univerzální mouky
- ½ šálku krystalového cukru
- 1 a ½ lžičky mleté skořice
- 1 lžička mletého zázvoru
- ½ lžičky muškátového oříšku
- ¼ lžičky hřebíčku
- ¼ lžičky nového koření
- ¼ lžičky mletého kardamomu
- ⅛ lžičky mletého černého pepře

NA OVĚSNÉ CHAI CRISP TOpping:
- 8 uncí nesoleného másla při pokojové teplotě nakrájíme na kostky
- 1 a ½ šálku staromódního ovsa
- ¾ šálku krystalového cukru
- ¾ šálku světle hnědého cukru, pevně zabalený
- ¾ lžičky mleté skořice
- ½ lžičky mletého zázvoru
- ¼ lžičky mletého hřebíčku
- ¼ lžičky nového koření
- ¼ lžičky mletého kardamomu
- ⅛ lžičky mletého černého pepře
- 1 hrnek univerzální mouky

INSTRUKCE:
NA JABLKOVOU NÁPLŇ CHAI SPICE:
a) Předehřejte troubu na 375 stupňů (F). Zapékací mísu o rozměrech 9 x 13 palců lehce vymažte tukem.
b) Nakrájená jablka dejte do velké mísy a promíchejte s citronovou šťávou.
c) Ve střední misce smíchejte mouku, cukr a koření. Touto směsí potřete jablka a dobře promíchejte, aby se obalila.
d) Jablečnou směs nalijte do připravené zapékací misky a dejte stranou, zatímco budete dělat drobenkovou polevu.

NA OVĚSNÉ CHAI CRISP TOpping:
e) Ve velké míse smíchejte oves, cukry, koření a mouku.

f) Přidejte nakrájené máslo a pomocí dvou vidliček nebo mixéru nakrájejte máslo na suché ingredience, dokud směs nebude připomínat hrubou mouku.
g) Polevu rovnoměrně potřeme jablky.
h) Vložte pánev do trouby a pečte 45 až 50 minut, nebo dokud není vršek zlatohnědý a jablka bublající.
i) Vyjměte z trouby a položte pánev na chladicí mřížku. Podávejte teplé, nejlépe se zmrzlinou.

97. Kardamomem kořeněný kheer (indický rýžový pudink)

SLOŽENÍ:

- 1/2 šálku rýže Basmati
- 4 šálky plnotučného mléka
- 1/2 šálku cukru
- 1/2 lžičky kardamomového prášku
- šafránové prameny (volitelné)
- Nasekané ořechy (mandle, pistácie) na ozdobu

INSTRUKCE:

a) Rýži omyjeme a vaříme v mléce, dokud rýže nezměkne a směs nezhoustne.
b) Přidejte cukr, kardamomový prášek a šafránové prameny. Vařte, dokud kheer nedosáhne krémové konzistence.
c) Ozdobte nasekanými ořechy a podávejte teplé nebo vychlazené.

98.Gulab Jamun

SLOŽENÍ:
- 1 šálek sušeného mléka
- 1/4 šálku univerzální mouky
- 1/4 šálku ghí (přepuštěné máslo)
- Mléko (dle potřeby na těsto)
- 1 hrnek cukru
- 1 šálek vody
- Lusky kardamomu (drcené)
- šafránové prameny (volitelné)
- Olej nebo ghí na smažení

INSTRUKCE:
a) Smíchejte sušené mléko, víceúčelovou mouku a ghí a vytvořte měkké těsto s použitím mléka.
b) Těsto rozdělte na malé kuličky a smažte je do zlatova.
c) V samostatné pánvi připravte cukrový sirup s cukrem, vodou, kardamomem a šafránem.
d) Před podáváním namočte smažené kuličky na několik hodin do cukrového sirupu.

99. Masala Chai kořeněný dort

SLOŽENÍ:
- 2 hrnky univerzální mouky
- 1 hrnek cukru
- 1 šálek jogurtu
- 1/2 šálku rostlinného oleje
- 1 lžička prášku do pečiva
- 1/2 lžičky jedlé sody
- 1/2 lžičky kardamomového prášku
- 1/2 lžičky skořice v prášku
- 1/4 lžičky zázvorového prášku
- 1/4 lžičky hřebíčkového prášku
- Špetka soli

INSTRUKCE:
a) Předehřejte troubu na 350 °F (180 °C) a vymažte dortovou formu.
b) V míse smíchejte všechny suché ingredience a v jiné míse prošlehejte jogurt a olej.
c) Smícháme mokré a suché ingredience, dobře promícháme a těsto nalijeme do dortové formy.
d) Pečte 30–35 minut, nebo dokud zapíchnuté párátko nevyjde čisté.
e) Před podáváním nechte koláč vychladnout.

100. Chai kořeněné sušenky

SLOŽENÍ:
- 2 šálky křupavých rýžových obilovin
- 1 šálek mandlového másla
- ½ šálku medu
- 1 lžička směsi koření chai (skořice, kardamom, zázvor, hřebíček, muškátový oříšek)
- 1 lžička vanilkového extraktu
- Špetka soli

INSTRUKCE:
a) Ve velké míse smíchejte křupavé rýžové cereálie a směs koření chai.
b) V malém hrnci zahřejte na mírném ohni mandlové máslo, med, vanilkový extrakt a sůl a míchejte, dokud se dobře nespojí.
c) Směs mandlového másla nalijte na směs cereálií a koření a míchejte, dokud není vše rovnoměrně potaženo.
d) Ze směsi vytvarujte sušenky nebo vtlačte do vymazané zapékací mísy a nakrájejte na tyčinky.
e) Nechte v chladu asi 1 hodinu nebo dokud neztuhne.

ZÁVĚR

Když zakončíme naši cestu plnou koření „NEJLEPŠÍ INDICKÁ KUCHAŘKA Z BOXU MASALA", doufám, že se vaše kuchyně stala plátnem pro živé odstíny a aromatickou symfonii, které definují indickou kuchyni. Tato kuchařka je víc než jen sbírka receptů; je to oslava rozmanitých chutí a kulturního bohatství, které činí z indické kuchyně globální kulinářský poklad.

Děkuji, že jste se ke mně připojili v tomto průzkumu, od voňavých trhů s kořením až po srdečné kuchyně, kde masaly vytvářejí kouzlo. Nechť esence těchto chutných receptů přetrvává u vás doma a vytvoří nejen jídla, ale vzpomínky prodchnuté duchem Indie.

Až si budete vychutnávat poslední sousta těchto jídel, pamatujte, že krabička masala není jen nádoba s kořením – je to brána do světa kulinářských možností. Šťastné vaření a ať je vaše kuchyně i nadále plná tepla, vůní a chutí, díky nimž je indická kuchyně skutečně výjimečná. Shukriya (děkuji) a šťastné vaření!

www.ingramcontent.com/pod-product-compliance
Lightning Source LLC
Chambersburg PA
CBHW071331110526
44591CB00010B/1104